# 数字化时代的企业智能财务管理

李　谦　赵明雨　高艳美　著

哈尔滨出版社
HARBIN PUBLISHING HOUSE

图书在版编目（CIP）数据

数字化时代的企业智能财务管理 ／ 李谦，赵明雨，
高艳美著. -- 哈尔滨 ：哈尔滨出版社，2024.4

ISBN 978-7-5484-7892-8

Ⅰ．①数… Ⅱ．①李… ②赵… ③高… Ⅲ．①企业管
理—财务管理系统 Ⅳ．①F275-39

中国国家版本馆CIP数据核字（2024）第 091142 号

书　　名：**数字化时代的企业智能财务管理**
SHUZIHUA SHIDAI DE QIYE ZHINENG CAIWU GUANLI

作　　者：李　谦　赵明雨　高艳美　著
责任编辑：韩伟锋
封面设计：张　华

出版发行：哈尔滨出版社 (Harbin Publishing House)
社　　址：哈尔滨市香坊区泰山路 82-9 号　邮编：150090
经　　销：全国新华书店
印　　刷：廊坊市广阳区九洲印刷厂
网　　址：www.hrbcbs.com
E - mail：hrbcbs@yeah.net
编辑版权热线：（0451）87900271　87900272
开　　本：787mm×1092mm　1/16　印张：12.25　字数：250 千字
版　　次：2024 年 4 月第 1 版
印　　次：2024 年 4 月第 1 次印刷
书　　号：ISBN 978-7-5484-7892-8
定　　价：76.00 元

凡购本社图书发现印装错误，请与本社印制部联系调换。

**服务热线：**（0451）87900279

# 前　言

随着数字化时代的到来，财务管理领域正经历着前所未有的变革。企业面临着新的商业模式、大数据、人工智能、云计算、区块链等技术的挑战和各种机遇。近年来，我们越发感受到数字化转型在财务管理行业中的必要性和紧迫性，行业范围内已经形成新一轮的改革冲击与挑战。

在企业运行的各个方面，线上线下融合已成为大势所趋，而在财务管理领域中，传统的以事后处理为主要部分的财务管理模式在当前的数字化时代，由于难以快速响应前段管理需求而亟待变革，从记账、算账、到报账、税务等财务管理的各个流程都需要进行一场数字化、智能化的革命，来匹配当前时代背景下的企业财务管理需要。与此同时，由于近年来的国内外形势变化复杂，企业经营所面临的考验越发严峻，对于信息处理、数据分析、发展预测等方面的需求正在持续加大，传统的财务管理思维和财务管理技术应对这些需求已然力不从心，急需在数字技术的帮助下对海量的财务数据以及非财务数据等进行更快、更精、更准确的运算和判断，在此背景下，智能财务管理系统将成为助力企业实现财务转型的利器。

本书旨在探讨数字化时代企业智能财务管理的变革要求与发展思路，本书共分为八章内容，书中涵盖了数字化时代财务管理领域的多个方面，包括财务管理逻辑、智能财务管理现状分析、数字化时代智能财管人员升级、数字化技术在财务管理中的运用、智能财务共享新模式等。在编写过程中，编者参考了智能财务管理领域的多方资料，融入了本人对数字化时代智能财务管理发展的思考，希望通过本书与读者更好地探讨数字化时代企业智能财务管理的变革与发展。由于编者研究水平所限，书中内容可能会存在一些不足与局限，敬请读者批评指正。

# 目　录

# 第1章 数字化时代财务管理的变化

## 1.1 财务管理与财务组织的发展演进

### 一、财务管理概述

随着数字化时代的到来，财务组织与财务管理的概念与逻辑都在发生着转变，这份转变是财务智能管理变革的基础。下面我们从财务管理的定义、目标、环境和演变历程等方面来对财务管理这一概念进行梳理，分析财务管理的基本概念和发展情况。

#### 1. 财务管理的定义

财务管理作为企业管理的核心要素，其作用至关重要。财务管理的主要任务是实现企业整体战略目标，有效管理筹资、资产配置、运营以及利润分配等一切财务事务。这一过程需要根据国家财经法规制度和财务管理原则，以经济管理活动的形式来组织和处理企业的财务活动，因此，财务管理是确保企业经济健康运作的重要组成部分。

#### 2. 财务管理的目标

财务管理的核心目标是充分利用有限资源，以满足企业的发展目标。在财务管理的过程中，不仅要确保企业的生存，还要促进企业不断发展和壮大，以创造更多的价值来回报利益相关者。财务管理的具体目标主要包括以下五个方面：

（1）利润最大化：通过确保毛利和净利润的最大化来实现企业的财务健康和盈利增长。

（2）每股收益最大化：提高每股收益一方面可以提高投资者的回报率，另一方面也有利于吸引更多的投资，丰富企业的资本。

（3）股东财务最大化：服务于股东的财务期望，包括股息和资本增值等，提升股东的收益。

（4）企业价值最大化：提升企业的长期价值，强调综合考虑风险和回报，实现企业价值的长期、稳定提升。

（5）相关者利益最大化：除股东利益外，还关注员工、客户等利益相关者的利益，扩大这些企业相关者的利益。

财务管理的多样化目标反映了企业在复杂的商业环境中的多元化需求。无论目标是什么，财务管理都是一个动态的、不断变化的领域，要求管理者具备灵活性、战略眼光和坚定的决策力。合理的财务规划和管理可以帮助企业在数字化时代实现经济效益长期的可持续增长，为所有相关方创造更多的价值。

### 3. 财务管理环境

财务管理环境是指企业财务活动生存和发展的各方面因素的集合，这些因素共同影响着企业的财务决策和运营。这些因素可以被分为两大类，一类是提供便利和机遇的因素，比如金融市场环境、经济环境、技术环境等，另一类是对财务管理构成挑战的因素，比如法律环境、市场竞争环境等。了解并适应这些因素是财务管理人员的重要任务，他们必须在不断变化的环境中制定适合的财务策略，以确保企业的可持续发展。

### 4. 财务管理的演变历程

财务管理作为企业管理的核心要素，经历了长时间的演变和发展。随着会计理论的不断进步和现代科技的崭露头角，财务管理在不同历史时期产生了显著的变化。

（1）筹资管理：财务管理的早期阶段主要侧重于筹集企业所需的资金。企业需要科学合理地预测资本需求，以便有效筹集足够的资金来支持生产和经营活动。这一时期的财务管理强调提供决策支持和数据依据，以帮助企业做出关于筹资规模和途径的决策。

（2）法规管理：随着社会法律法规的不断完善，财务管理也日益受到法律法规的规范。企业需要建立内部控制制度，以确保公司治理结构的完整性，以及经营效果和效率的提高。财务管理在这个阶段强调公司内部和外部报告的可靠性和经营的合规性。

（3）资产管理：资产管理强调对企业资产的全生命周期管理。这一时期财务管理强化了成本控制，强调资产的经济运行管理，规范处理流程，以提高资金的利用效率。信息化技术在这一时期发挥了重要作用，帮助企业更有效地管理和监控其资产。

（4）投资管理：投资管理关注如何在不同的资产和行业中合理配置资金，以实现投资效益并规避潜在的投资风险。企业需要建立合理的投资决策程序和风险管理方案。分散投资成为一种被普遍使用的降低投资风险的方式，通过将资金投放于不同领域，实现风险分散的目的。

（5）电算化时代：自 20 世纪 90 年代中期以来，随着计算机技术、电子通信技术和网络技术的快速发展，财务管理迎来了电算化时代。传统的簿记方式开始被现代财务软件和 ERP 系统取代，企业的会计和财务管理变得更加智能化和数字化，业财一体化融合速度持续加快。这一时期的财务管理强调数据的智能化处理，财务管理正式迈入了数字化、智能化时代。

通过财务管理的演变历程，我们可以看到它是如何从最初的筹资和法规管理演变成了复杂化、智能化的现代管理系统。现代财务管理在数据分析、风险管理和智能决策支持等方面发挥着十分重要的作用，可以满足现代企业经营发展过程中的复杂需求。未来，随着科技的不断进步，财务管理仍将继续发展，为企业的战略目标提供更加有力的支持。

## 二、财务组织概述

### 1. 财务组织的概念

财务组织是指在企业中负责财务管理和决策的组织机构。它是企业内部的一个重要部门，负责收集、处理和分析财务信息，为企业的经营决策提供支持和指导。财务组织的主要职责包括编制财务报表、进行财务分析、制定财务策略和控制措施等。通过财务组织的运作，企业能够及时了解自身的财务状况和经营情况，为企业的发展提供重要的参考依据。同时，财务组织还承担着监督和管理企业资金的责任，确保企业的资金安全和合理利用。因此，财务组织在企业中具有重要的地位和作用，对企业的经营和发展起着至关重要的作用。

## 2.财务组织在企业经营中的作用

财务组织是企业财务管理的核心，它负责规划、组织和控制企业的财务活动，确保企业的财务运作顺利进行。财务组织能够提供准确的财务信息和数据，为企业的决策提供依据。通过财务组织的工作，企业能够及时了解自身的财务状况，从而制订合理的财务策略和计划。此外，财务组织还能够协助企业进行财务分析和评估，帮助企业发现问题和风险，并提出相应的解决方案。财务组织还承担着监督和审计的职责，确保企业的财务活动合规和透明。综上所述，财务组织在企业财务管理中的作用和重要性不可忽视，它是企业财务管理的基石，为企业的发展提供了有力的支持。

## 3.财务组织的发展历程

财务组织遵循着自我进化的规律，在发展的过程中持续地发生着变化。在不同的历史时期，财务组织都与当时的社会、经济和技术环境相适应。如今，财务组织的发展已步入与智能时代环境相匹配的阶段。

自中华人民共和国成立后，我国财务发展经历了多个阶段。在几十年的历程中，财务在总体上不断变革，与整个国家社会的进步相适应。我们可以将这个发展过程概括为以下几个阶段：初创阶段（财会一体阶段）、成长阶段（专业分离阶段）、发展阶段（战略、专业、共享、业务四分离阶段）以及拓展阶段（外延扩展阶段）。

在新时代的背景下，财务组织正努力适应智能化的环境，实现财务管理的高效与创新。这样的变革不仅符合我国社会和经济的发展需求，也为企业提供了更广阔的发展空间。财务人员应不断提升自身能力，紧跟时代步伐，助力企业实现财务管理的智能化转型。

（1）初创阶段——财会一体

从中华人民共和国成立之初至20世纪70年代末，大约30年的时间里，财务与会计并未明显分离，这一阶段被称为"财会一体"阶段。在这个时期，财务管理被视为会计的一个组成部分，其主要职责是服务于内部控制和成本管理，这一阶段是企业财务组织发展的最初阶段。

在这个阶段，企业意识到财务管理的重要性，并开始建立起财务部门。财务部门的主要职责是负责企业的财务核算和报告工作，包括编制财务报表、处理日常的财务事务、管理企业的资金流动等。在这个阶段，财务部门通常由少数人员组成，他们负责处理企业的基本财务事务。在这个阶段，财务管理的主要目标是确保企业不出现经济问题，这需要对资金和资产的安全进行必要管理。另一方面，降低成本成为提高管理业绩的关键。实际上，在这个阶段，许多企业在成本管理方面取得了显著成果。

在财会一体阶段，财务组织的发展主要集中在建立财务制度和流程方面，确保财务信息的准确性和可靠性。企业需要建立起一套完整的财务制度，包括财务核算、财务报告、财务分析等方面的规定和流程。同时，企业还需要建立起财务管理的基本框架，包括资金管理、成本控制、预算管理等方面的制度和流程。这些制度和流程的建立，为企业提供了一个良好的财务管理基础，为后续的发展奠定了坚实的基础

在这个时期，财务与会计的融合有助于企业实现内部控制和成本管理的目标，为企业的稳定发展奠定基础。随着时代的发展，财务管理与会计的分离成为必然趋势，财务管理逐渐发展成为一门独立的学科，为企业创造更多价值。如今，财务管理在企业中发挥着越来越重要的作用，智能化技术的应用也使得财务管理变得更加高效。

（2）成长阶段——专业分离

在经历了近 30 年的财会一体阶段后，改革开放的到来引领了企业经营目标的转变。企业愈发关注自身的经营成果，追求盈利成为核心议题。在这一背景下，财务管理的角色发生了显著变化：从一个简单的"账目管家"身份，转变为一个既能妥善管理内部家当，又能为企业决策提供外部参谋的新角色。

与此同时，财务组织也经历了重要变革。20 世纪 80 年代，财务管理作为一门独立的学科从会计中分离出来，企业逐步完成了财务管理部和会计部的分设。这一变化使得专业的人能够专注于做专业的事，提高了工作效率。财务管理逐渐涵盖了预算管理、成本管理、绩效管理等多个领域，而会计则专注于核算、报告和税务等工作。后期，部分大企业还将资金管理分离出来，设立了专门的资金部门。

在这个阶段，企业开始意识到财务管理的重要性，并开始将财务职能从其他部门中分离出来，形成独立的财务组织。这一阶段的主要特点是财务职能的专业化和专门化。企业开始聘请专业的财务人员，建立财务部门，并制定财务管理制度和流程。财务部门负责处理企业的财务事务，包括会计核算、财务报告、预算管理、资金管理等。通过专业分离，企业能够更好地管理和控制财务风险，

提高财务决策的准确性和效率。此外，专业分离还为企业提供了更好的财务信息披露和监管的基础，增强了企业的透明度和信誉度。

从这些变化中可以看出，财务组织中基于专业的分离趋势逐渐显现，因此这一阶段也可称为专业分离阶段。

（3）发展阶段——战略、专业、共享、业务四分离

从20世纪90年代起，财务领域进入了快速创新、积极变革的阶段，这一阶段持续至大约2015年。这一时期中，财务管理在技术含量上取得了显著提升。在此背景下，战略、专业、共享、业务四分离这一概念被咨询公司从国外引入并广泛流行，给我国的财务管理发展带来了深远的影响。

在此之前，财务管理工作中基础作业的部分占据了很大比重，而管理支持相对较小。然而，在四分离财务管理理念的指导下，管理支持职能作为财务管理的核心占据了更重要的地位。受这一理念的影响，许多国内企业纷纷开展财务共享中心和业务财务一体化建设。这两项工程的实施使得财务管理中的基础作业部分被分离到财务共享服务中心，而业务财务队伍则成为财务组织中的重要配置。

在这个阶段，企业财务组织逐渐实现了战略、专业、共享和业务四个方面的分离。战略分离意味着财务组织开始独立制定和执行企业的财务战略，与企业的战略目标相一致。专业分离指的是财务组织内部的各个职能部门逐渐形成专业化的运作模式，例如会计、财务、税务等部门的分工明确，各司其职。共享分离意味着财务组织开始与其他部门进行信息共享和协同工作，以提高整体效率和协同效应。业务分离指的是财务组织逐渐将核心业务外包给专业机构或外部合作伙伴，以便更好地专注于核心业务和战略规划。这些分离的措施使得财务组织能够更好地适应企业发展的需要，提高财务管理的效率和质量。

在当前市面上的财务管理观念中，有一个被称为"三分离"的概念。这一概念将财务领域分为战略财务、专业财务和共享财务，但没有将战略财务与专业财务进行明确分离，而是将二者统称为战略财务。然而，在实际的管理咨询工作实践中，战略财务与专业财务之间仍存在一定的差异，将它们分离后更能凸显各自的特点和职责。

战略财务主要关注集团或总部的经营分析、考核、预算、成本管理等方面，以支持企业高层的决策。相比之下，专业财务则专注于会计报告、税务、资金等领域的专业事务。共享财务被视为会计运营的大工厂，负责处理大量的基础

性工作，如核算、报表制作等。而业务财务则主要负责在业务部门将战略财务和专业财务的理念与实践相结合，推动业务的发展。

战略、专业、共享、业务四分离的财务管理模式使财务格局上升了一个新层次。这种模式在国内大中型企业中得到了广泛应用，并取得了显著的成效。通过明确各财务领域的职责和定位，企业能够更好地实现财务资源的优化配置，提高财务管理效率。在这个过程中，财务管理人员不仅需要熟练掌握专业技能，还要具备战略眼光和业务理解。这样，他们才能在企业决策中发挥关键作用，为企业的长远发展提供有力支持。四分离财务管理理念的引入和实施标志着我国财务领域在创新与变革的道路上取得了重要成果。

（4）拓展阶段——外延扩展

从 2016 年起，我国社会科技进一步加速，移动互联网不断壮大，人工智能开始崭露头角，大数据概念日益普及。在这样的背景下，套装软件厂商纷纷布局云服务，以适应日新月异的社会环境。与此同时，高级阶段的财务组织应运而生，与当今技术和概念的发展趋势保持同步。事实上，财务人员并非想象中那般保守，他们反而具备一定的自我突破决心，积极适应不断变化的社会环境。

随着财务管理的发展，财务工作内涵的外延进一步扩展，因此我们可以将这一阶段称为外延扩展阶段。在财务组织的发展历程中，拓展阶段是一个非常重要的阶段，也是财务组织发展的一个关键点。在这个阶段，企业财务组织开始进行外延扩展，以适应不断变化的市场环境和业务需求。外延扩展是指企业财务组织通过吸收外部资源和合作伙伴，扩大自身的业务范围和能力。这一阶段的发展，不仅仅是财务组织内部的变革和提升，更是企业整体战略的调整和优化。

随着社会科技的飞速发展，财务组织也在不断进化和调整。高级阶段的财务组织通过外延扩展，使财务工作更加多元化，以适应不断变化的市场环境。财务人员在这种趋势下，积极突破自我，提升自身能力，为企业创造更多价值。在未来，随着财务管理理念的不断革新，财务领域还将取得更多突破性成果。

当财务共享服务中心步入成熟期后，它会向深度服务或对外服务转型。例如，建立企业商旅服务中心、承接服务外包业务以及提供数据支持服务等。与此同时，基于人工智能技术的智能化应用也在财务共享服务中心得到广泛应用，进一步提高了服务效率和质量。

另一方面，财务信息化在财务组织中的地位日益重要。部分领先企业已成立独立的财务信息化部门，以应对不断变化的市场环境。随着智能时代的到来，这些财务信息化部门逐渐演变为财务智能化团队，负责推动整个财务组织在智能化道路上前行。

在组织形态方面，传统的层级性组织正逐步向矩阵式、网状或柔性组织转变。许多企业要求财务团队既具备专业知识，又具备极强的可扩展性，以应对人力多样化、差异化财务需求。这种灵活的组织形态有助于企业更好地应对市场变化，实现财务资源的优化配置。

总之，智能时代财务组织的发展仍在进行中，未来这一趋势将不会终止。财务团队需要不断调整和优化自身结构，以适应不断变化的环境。通过深化服务、推动智能化应用以及变革组织形态，财务组织将为企业创造更多价值，助力企业迈向更广阔的发展前景。在这个过程中，财务专业人士应保持敏锐的洞察力，勇于突破创新，以适应智能时代财务发展的步伐。

# 三、智能财务管理的含义及发展

智能财务管理是企业利用智能信息化的科技手段，以财务数据为基础，全面实现财务智能化，在互联网环境下实现智能财务核算、分析、决策和控制等智能财务管理模式，进一步推进业财融合，并最终实现企业管理信息的智能化。智能财务管理是具有实现物流、资金流、信息流同步化，财务管理集成化，财务组织弹性化以及财务资源供应链化等特点的一种全新的财务管理方式，总的来说，要实现企业智能财务管理的改革，需要在财务管理的各个环节充分利用现代科技手段，建立智能化信息系统，使企业财务信息实现集成统一，从而提高财务管理水平和经济效益。

## 1. 智能财务管理的发展变革

在经济信息化、全球化的背景下，对企业进行财务管理的研究已经不仅仅是在传统的财务范畴内，如何有效地发掘出企业在财务管理业务过程中所蕴含的各种价值，是智能化财务管理发展的一个关键问题。在由上海国家会计学院举办的"影响中国会计从业人员程度的十大信息技术"评选中，2017年度，"数据挖掘"被评为第5；2018年位列第6；2019位列第4；充分显示出业界对数据的发掘与应用的普遍重视，在今天，智能化财务管理的发展与转型是必然的。

财务管理的智能化发展，可以分成四个主要的发展阶段：

（1）会计电算化初级应用阶段

在这一阶段中，企业主要使用会计电算化基础软件进行会计核算，编制报表，编制会计资料，实现对企业资金的有效管理，提高企业的经济效益。

（2）财务数据集成化发展阶段

财务数据集成化是指企业采用一个统一的网上财务体系，将生产、销售、财务等各个信息体系整合起来。集成化开发时期的最大特征是可以更好地利用信息系统来对应收、销售等财务环节进行统一管理，提升财务管理的效率。

（3）业务财务集成统一管理阶段

业务财务集成统一管理，就是在企业的内部设立一个核心的管理体系，把企业的经营系统与财务运作结合起来，统一管理。相比于财务数据集成化发展阶段，这一阶段在业务管理的统一性方面有了很大提升，企业的生产管理系统与销售、采购、应收、应付系统之间形成了衔接，便于对企业的各项业务进行控制。在这种模式下，企业在业务运作时就能够及时地生成与财务流程有关的信息，并在财务系统的前端对各项流程进行及时流转，最后流入总账中，生成财务信息，财务信息的生成和汇总的流程得到了很大的优化。

（4）财务管理智能化发展阶段

在财务管理智能化发展阶段，企业可以利用网络技术，将内部的供、产、销等业务系统进行深度的整合与共享，通过数据技术，企业内部的各职能部门、供应链等各个方面的信息都能够及时地传递、处理、分析和反馈，从而为公司的运营和管理提供高效、智能、数字化的信息支撑。

## 2. 智能财务管理的优势

随着大数据，云计算，物联网，区块链，人工智能等智能化技术的不断发展，企业在技术层面上不但要提高财务管理水平，同时也要在理念上进行变革，打破在过去的财务模式中存在的信息屏障，让信息化环境下的企业财务管理向智能化方向发展。智能财务管理的优质主要体现在以下六个方面：

（1）消除信息不对称问题，提高财务数据透明度

在传统的财务管理方式下，不同的企业经营主体因其内部管理机制的不一致而经常出现信息不对称和信息难比较等信息障碍，信息交流和流转的速率难以提高；此外，组织内部各个部门，也容易因为技术上的不同出现下属组织的

信息不对称问题。在大数据和云计算等信息技术的支撑下，财务智能化的转变，可以让企业在技术层面上具备更强大的数据集中管理的能力。例如，通过设立一个集中的数据中心，可以将企业之间和企业内部的信息屏障打通，让企业的财务数据变得更加集中，提高数据透明度，消除信息不对称的问题。

（2）把僵化的企业过程管理重新变灵活

在实现企业流程管理的信息化进程中，企业流程管理会逐渐向更加灵活的方向发展，实现制度化、系统化的转变。以企业的预算管理为例，通过构建内部预算管理体系，预算制定的过程会在信息化技术的帮助下变得更加高效，同时也可以将过去以事后监督为主的方式向事前管理和事中管理的方向来进行优化。在进行管理决策时，智能财务管理的模式可以对所获取的信息进行智能分析，判断所获取的信息的紧急程度和重要程度，智能化地制定相应的信息反馈程序，从而提升管理决策的效率。高效的信息决策可以帮助企业突破传统的经营决策方式，构建更加灵活的管理流程，有利于提升企业的管理效果和经营效果。

（3）促进财务管理的自动化、智能化转型

电子发票和电子合同的广泛使用，让企业经营过程中产生的海量财务资料可以从根源上实现数字化，为财务管理的数字化、自动化和智能化打下重要的基础。财务管理的智能化转型需要以财务数据录入的数字化为基础，在互联网技术的支持下，构建一个对财务分析和决策进行智能化升级的管理模型，从而逐步实现把烦琐的财务流程自动化的目标。

（4）促进财务管理的革新和智能化外延的扩展

随着信息技术的不断发展，企业内容的财务管理革新已经发展出了四种主要的组织结构，即战略财务、专业财务、业务财务和共享财务，财务管理智能化的发展将在这四种结构的基础上，再延伸出其他能够优化企业财务管理的组织模式，比如建立财务数据中心、组建财务智能化团队等等，拓展财务智能化的外延，进一步在企业中加深财务管理智能化的程度。

（5）提升财务人员的知识结构

在传统的财务组织中，会计人员更倾向于专业化发展，他们会专注于某一专业领域来进行自己的职业发展，如资产核算、资金管理、纳税筹划等。一般来说，传统的财务人员都是从基本的财务工作开始，通过不断积累自己的经历和经验，在某一专业领域中发挥自己的专长。而在财务管理智能化的时代，大多数程序化的会计工作都可以通过电脑和人工智能来进行，在这种环境下，财务管理的新人往往很少有机会去做基本的财务业务，为了提升他们的专业能力，需要让他们建立更加广泛的专业知识体系，来解决业务管理中的综合性问题，这就对他们的知识结构提出了新的要求。

（6）促进企业财务创新能力的升级

在信息技术飞速发展的今天，企业的发展也是日新月异，进步飞快，若企业的财务创新能力不能与企业整体的发展速度保持同步，那么就难以发挥好企业智能财务管理的全部作用。企业智能财务管理的应用涵盖了企业的各个方面，因此企业需要及时进行财务创新，发挥智能财务管理的功效，全面提升企业的运作效率、决策支持水平、资源配置能力等，增强企业的管理能力和市场竞争能力。

## 四、推进财务智能化管理发展的必要性

经过长期的实践探索，现代企业的经营模式不断升级，信息技术不断更新，财务管理智能化的脚步始终没有停下。就企业财务而言，不管是组织、团队还是财务人员，都应该主动提高自身的素质，力求把数字化、智能化的技术深入地融入到财务管理当中，从而为企业的经营活动带来更大的效益。企业发展财务智能化管理的必要性主要体现在以下五个方面：

### 1. 高速的信息化技术发展要求推进业财深度融合

在信息技术飞速发展的环境下，企业实现业务和财务的高度结合，可以使各业务和财务部门能够共享相同的数据来源，有利于对整个企业的财务业务进行全方位的核算和控制，实行动态的财务管理，而这就需要在企业的业务和财务等各个方面之间实现充分的信息整合和共享。

### 2. 信息化的发展对企业的财务管理提出了更高的要求

在财务信息化的基础上，企业需要建立一个更加综合化、智能化的信息决策模式来完成企业的管理决策。智能财务的作用就是模仿财务管理专家的思想来处理一些非流程化的问题，优秀的智能财务管理系统还应具备很强的自组织性、自学习能力和自适应能力，这三方面的能力可以让智能财务管理系统具备"解决问题"的能力，让企业的智慧化升级战略获得更多支持。

### 3.数字经济环境下的财务转型迫切需要进行财务智能化管理

数字财务管理对企业的发展至关重要，它的核心是"体验式""共享式""智能式"和"开放性"这四大要素。随着行业的转型升级需求日益迫切，企业的财务改革也面对着日益严峻的挑战。随着数字经济的发展，越来越多的企业敞开分享之门，迎接财务数据共享的新阶段，因此在企业进行信息化改造的时候，财务管理的智能化转型显得格外重要。

### 4.企业内部管理需求推动财务智能化管理的变革与发展

智能财务管理是实现企业战略转型升级、实现业财一体化的有力手段。在当前的经济形势下，企业对战略性、精细化管理方式的需求越来越强烈，财务管理的升级势在必行。为了更好地满足企业的内部管理需求，企业的财务管理过程必须要实现标准化、自动化和智能化，这样才能更好地配合企业的管理升级目标。

### 5.财税体制改革的背景要求推进智能化财务管理建设

《国务院关于在线政务服务的若干规定》对电子签名、印章和档案的合法性进行了明确的界定，明确了电子签名的合法性。在2020年全国"便民办税春风行动"中，国税机关提出，专票电子化工作将在全国范围内进行试点，大力推动电子商务的普及。近几年，在政策的推进下，我国财政进入了"数字经济"时代，在一系列的财税制度改革和供给侧结构性改革的大环境下，企业必须提升财务管理观念，响应政策号召，实行财务风险防控，优化资本结构，推动智能财务的发展。

# 1.2　数字化时代下智能财务管理的现状

随着现代信息技术的日益发展，科技进步对经济社会发展的影响日益凸显。社会经济各行业在现代化信息技术的冲击下，正面临前所未有的挑战，不得不在一定程度上重新构建适应信息化环境的新发展模式。这一变革在财务管理领域显得尤为显著。

财务管理作为企业管理的内核，正面临着信息化、智能化科技创新的更高要求。可以说，这是智能化信息社会赋予财务管理的全新挑战，也开启了财务智能化管理的新篇章。在全球产业信息化和智能化发展日益深入的背景下，数字经济已经成为我国经济发展的新趋势。在此背景下，供给侧结构性改革持续推进，经济结构不断优化。为实现企业可持续发展，企业应从整体发展战略出发，将传统财务管理模式提升至新的高度，迈向财务智能化管理，以满足信息化时代企业高速发展的需求，以下是对我国在数字化时代下智能财务管理现状的总结和分析。

# 一、数字化时代财务管理的变化

随着数字技术的迅速发展，财务管理领域也发生了革命性的变化。数字化时代为企业和个人提供了更强大、高效和智能的财务管理工具，同时也改变了财务专业人员的工作方式。数字化时代的新商业模式对财务管理的影响是广泛而深远的，下面我们就将探讨数字化时代财务管理的主要变化。

## 1. 电子支付的普及

传统的现金交易方式正在被电子支付方式所替代，人们现在更倾向于使用信用卡、借记卡、手机支付应用程序等电子支付方式。电子支付的优势是可以显著提高交易的便捷性，对于企业而言，也可以更轻松地管理和跟踪历史支付记录，节约了部分的财务管理成本。

## 2. 云计算技术的利用

云财务软件是信息化时代的新型财务管理软件，借助云计算技术，个人和企业能够更轻松地管理其财务数据。云财务软件可以提供在线会计、报告、发票和税务管理等功能，不论是查询财务信息还是管理财务信息，都优化了操作步骤，数据管理的综合能力也有显著提高。与传统的财务管理软件相比，云财务软件更加灵活也更加便利。

## 3. 大数据技术的利用

进入数字化时代以来，大数据技术正在财务管理中扮演越来越重要的角色。企业可以利用大数据来分析客户行为、市场趋势和成本结构，以制定更明智的财务决策。这种数据驱动的方法使企业能够更好地掌握内部的财务状况，以大数据技术为基础开发的智能财务管理软件也可以为企业未来的规划提供更强有力的支持。

### 4. 人工智能技术的利用

人工智能和机器学习技术等技术的开发，同样给财务管理带来了积极的影响，AI 技术的使用可以使财务流程管理更加高效。例如，自动化会计系统可以自动分类和录入交易数据，而不再需要人工操作。机器学习技术还可以预测未来的财务趋势，并提供实时建议，这一技术是智能财务管理系统建设的重要基础，有利于提高企业的财务管理决策效率。

### 5. 安全需求提高

随着数字化时代的发展，财务数据的安全性和隐私问题变得尤为重要，个人和企业都需要采取额外的措施来保护其财务信息免受网络威胁和数据泄露的风险。为了满足企业财务数据管理的安全需求，加密技术、多重身份验证等技术开始越来越受到企业的重视，财务管理的安全性也成了智能财务管理建设中的一个关键需求。

### 6. 电子结算的普及

数字化时代，电子发票和电子结算系统的使用逐渐普及。它们减少了纸质财务记录的数量，还提高了发票处理的速度和准确性，企业可以更轻松地跟踪付款和收款，电子结算也有利于财务数据的收集和整理，是企业智能财务管理体系构建的基础。

由上述几点，我们可以看出数字化时代已经彻底改变了财务管理的方式。电子支付、云计算、大数据、人工智能技术正在帮助个人和企业更好地管理财务信息，随之而来的是更多的安全和隐私挑战。数字化时代财务管理的这些变化将持续影响个人和企业，并为未来的智能财务管理带来更多创新和机会。

## 二、我国企业财务管理智能化建设的发展和现状

### 1. 大中型企业逐渐重视智能财务管理建设

智能化财务管理建设的核心在于建立财务共享中心，通过这一平台实现业务与财务的深度融合，进而实现资源的优化整合。这是大中型企业财务管理的发展大势。

进入 21 世纪以来，越来越多的知名企业在我国设立财务共享中心。以 2005 年至 2008 年为例，在此期间，众多企业纷纷尝试探索财务共享模式，包括部分金融企业、海尔、苏宁等在内的企业纷纷建立了财务共享服务中心，为企业的高速扩张和发展提供了有力支撑。

自 2012 年至今，财务共享已引发了一场财务变革的热潮。越来越多的中型企业开始尝试进行财务变革，积极规划建设自己的财务共享服务中心。在持续地探索与发展的过程中，财务共享得到了新的发展和突破。管控与服务并重的财务共享理念逐渐成熟，并得到了大中型企业的普遍接受。这为全面推动智能化财务管理建设奠定了坚实的思想基础。

智能化财务管理建设已成为大中型企业发展的必然选择。设立财务共享中心，实现业务与财务的融合，有助于企业高效运营，降低成本，提升竞争力。随着财务共享理念的不断成熟，越来越多的企业将踏上智能化财务管理建设的征程。

### 2. 财务智能化管理建设获政策大力支持

2019 年，《国务院关于在线政务服务的若干规定》中明确了电子签名、电子印章、电子证照、电子档案在法律上的有效性。这一政策为电子政务的推进提供了坚实的法律依据。到了 2020 年，"便民办税春风行动"中，国家税务总局明确提出，专票电子化将经过试点后逐步推广，目标是年底前在增值税专用发票电子化上取得实质性明显进展。

随着增值税专用发票电子化的推进和普及，财务管理也逐渐步入了数字化时代。在财税体制改革以及供给侧结构性改革的背景下，企业被推动着转变财务管理理念，实施财务风险防控、优化资本结构的精细化财务管理模式，以此推动财务智能化建设的发展。

这一切都表明我国政府对企业财务管理智能化建设的重视，而在政策支持方面，我国已经具备了相对完善的体系。这为我国财务智能化管理的发展提供了有力的保障，也预示着财务管理领域的一场变革正在来临。

### 3. 企业中智能财务管理人才相对缺乏

在信息化背景下，财务管理智能化的发展对财务人员提出了更高的要求。他们不仅需要具备扎实的财务专业知识和基本办公软件应用能力，还需要掌握数据分析、商业分析、信息技术等更高级、更深入、更全面的知识体系。

然而，当前我国企业的现状是，虽然拥有各种专业和类型的技术人员，包括生产经营方面的专家和研发人员，以及专门从事财务管理方面的管理型人才和从事计算机信息方面的技术人员，但同时具备财务与信息技术能力的综合性财务人才却非常稀缺。

这种现象意味着，我国企业在财务管理智能化转型的过程中，面临着人才短缺的挑战。为了应对这一挑战，企业需要加大人才培养和引进力度，重视财务人员的综合素质提升，通过培训和实践等方式，培养一批既精通财务又掌握信息技术的复合型人才。此外，企业还可以通过与高校、研究机构等合作，引进更多具备财务与信息技术能力的优秀人才，为企业财务管理智能化建设提供坚实的人才保障。

在我国企业迈向财务管理智能化的重要阶段，重视人才培养和引进，提升财务人员的综合素质，是实现企业财务管理智能化目标的关键因素。企业应充分利用各种资源，培养一支具备财务与信息技术能力的复合型人才队伍，为财务管理的智能化转型奠定坚实基础。

# 三、推进财务管理智能化建设的措施

## 1. 统一企业管理观念，推动智能财务管理建设

智能化财务管理的核心目标在于为管理层提供更多有利于决策的财务信息。在推进财务管理智能化的过程中，企业需要面对各种财务信息和非财务信息，以及来自内部价值链和外部价值链等不同的信息来源。为了应对这些挑战，企业应秉持统一的财务管理理念，构建战略财务、专业财务、业务财务、共享财务相统一的财务管理组织模式。这种模式能够为企业财务管理智能化建设提供有力的内部环境支持，帮助企业更好地应对决策过程中的复杂性和不确定性。

具体而言，企业应当在以下几个方面加强财务管理智能化建设：一是提升财务信息质量，通过引入先进的技术手段和管理方法，确保财务信息的准确性、完整性和及时性，为管理层提供可靠的决策依据；二是深化财务分析与预测，利用大数据、人工智能等先进技术，对企业财务数据进行深入挖掘和分析，提高财务预测的准确性，为管理层提供有力的发展预测和规划支持；三是优化财务决策流程，通过智能化技术手段，简化财务决策流程，提高决策效率，降低决策风险；四是强化财务风险防控，运用智能化技术手段，对企业财务风险

进行实时监控，提高风险识别、评估和防范能力；五是提升财务管理协同性，通过构建统一的财务管理组织模式，加强各部门间的协同，提高企业整体运营效率。

### 2. 打破信息屏障，促进业财一体化建设

在企业中，业务部门和财务部门往往根据各自的工作需求选择和设计信息系统，这导致出现了数据信息的兼容性问题，使得信息孤岛现象严重，业务系统产生的数据无法实时反映财务运行情况，财务数据也无法实时跟踪业务的运行管理，两者之间存在明显的脱离现象，难以形成一个完整的智能财务管理系统。

解决这一问题，企业需要在财务管理智能化建设中设立一个中心数据库。在这个数据库的帮助下，企业内部各个职能部门的子系统可以与之关联，实现数据的实时传递和共享。当采购系统、生产系统和销售系统发生物资流时，中心数据库可以通过局域网自动收集相关信息，并将其传递给会计信息系统。会计信息系统会对这些数据进行动态核算，然后将处理过的会计信息返回中心数据库。决策系统和监控系统可以随时调用中心数据库的信息，进行决策分析和预算控制。通过这种方式，整个企业的经营活动都可以纳入智能化管理之中，各部门之间可以实现协作监督，有效解决信息孤岛问题。此外，中心数据库还可以促进企业内部信息的实时传递和共享，提高财务管理效率。各部门可以根据实时的财务数据和业务数据调整工作计划和预算，从而实现财务管理智能化的快速发展。

## 1.3　数字化时代新商业模式对财务管理发展的影响

智能时代的来临促使财务人员形成驱动自我进步的新思维，同时也推动着整个社会的革新。而作为社会中非常重要的一环，商业也正在发生改变。本节主要讨论智能时代正在出现什么样的新商业经济，以及这些新商业经济又是如何给财务带来改变的。新商业经济是指遵照商业经济的运行规律、具有现代理念和最新专业知识的人，能够接受知识、运用知识、创造知识，并将知识转化为社会效益和经济效益，从而推动社会发展的经济。一些能够改变商业模式和

商业行为的新思想往往能够带来广泛的社会影响和大量商业模式创新的机会。笔者在这里从三个新商业经济思维的视角(共享经济、跟踪经济和合作经济)进行分析，以期帮助财务人员深入认识和理解新的商业经济思维，发现可能改变财务的机会。

# 一、数字化时代的商业新模式

## 1. 共享经济

对共享经济的通俗理解是一方将闲置资源的使用权出租，另一方通过付费获得使用权，在这个过程中，资源提供方获得收益，使用方以较低的成本获得便捷的资源使用。这种模式形成了经济循环。在这种理解下，共享经济与分享经济非常相似，都以闲置资源或者过剩的资产为核心，通过共享利用来实现经济效益。例如，共享住宿、共享物流、共享交通和共享闲置用品等商业模式都是共享经济的产物。

受到共享经济思想的影响，财务领域也出现了一项重要的创新实践，即财务共享服务。财务共享服务解决了传统分散模式下财务人力资源冗余浪费的问题，并实现了财务人力资源的共享。

在传统模式下，许多企业存在着财务人力资源的冗余和闲置现象。一些企业只在特定时期需要大量财务人力，而其他时期则相对闲置。这种情况下，企业不仅需要承担固定成本，还无法充分利用财务人力资源。同时，企业间财务岗位的重复建设也导致了资源的浪费。

财务共享服务在实践中有着不同的形式。一种形式是通过外包公司或专业服务机构提供专业的财务服务。企业可以将财务岗位外包给专业机构，根据自身需求灵活调整服务规模和时间，提高运营效率。另一种形式是通过共享劳动力平台，将有闲置时间的财务人员匹配给需要财务服务的企业，实现资源的共享和优化利用。

财务共享服务不仅解决了财务人力资源的冗余和闲置问题，还降低了企业的成本，提高了运营效率。此外，通过专业的财务共享服务提供方，企业可以获得更高质量和更专业的财务服务，促进企业的发展。

## 2. 共享经济与企业财务管理

（1）投资技术平台，发展共享经济

集团化企业可以考虑实施一种集中投资先进技术平台，以共享经济模式为集团内的各个子公司提供服务。这种共享经济模式可以有效利用集团的投资资源，将其用于技术研发，并以较低成本向子公司提供成果，从而使那些本来没有财务新技术或财务创新能力的公司也有机会参与财务技术革新。

这种共享经济模式类似于投放共享单车在市场上，让原本并不打算骑车的人群改变了习惯，开始骑车出行。同样，集团在财务技术方面的投资也可以激发子公司的创新能力，使它们更加积极主动地发现和创造自身的财务管理创新需求。

在数字化时代，财务领域的新技术如大数据、云计算、人工智能和区块链等已经在改变财务领域。然而，这些领域的研发投入通常是巨大的，如果仅依靠子公司的资源，实现起来将面临很大的困难。通过集团财务基于增量共享经济的思路进行建设，可以使子公司作为用户更加积极主动地发现和创造自身的财务管理创新需求，进而提升整个集团的管理水平，这种模式还可以激发子公司的创新活力，推动财务技术的革新和发展。

（2）中小企业财务共享服务

在国内的中小企业财务服务市场中，代理记账公司占据主导地位。然而，市场的开放性和低门槛导致了代理记账市场上存在着大量良莠不齐的服务商。提高整个市场的服务质量和规范程度需要规范代理记账行业的服务标准和信用体系，以及依托信息系统进行供需关系间的服务撮合。

对于代理记账公司而言，应该要求其具备一定的资质和经验，同时要求其遵守财务会计准则和相关法律法规，确保其提供的服务符合规范。此外，还可以建立行业协会或组织，制定统一的行业标准和规范，促进行业内的自律和发展。

建立代理记账行业的信用体系也是必要的。对代理记账公司进行信用评价和监管能够提高行业的整体信誉度，减少不良服务商的存在。可以通过与相关部门合作，建立信用评级机构或平台，对代理记账公司的信用状况进行评估和公示，使用户能够更加有针对性地选择合适的服务商。企业可以借助互联网和大数据技术，建立起一个集合供需双方信息的平台，实现代理记账服务的在线撮合和交易。这样一来，用户可以更便捷地找到适合自己需求的高品质财务服务商，而服务商也能够更精准地找到潜在的用户，实现双方的互利共赢。

规范代理记账行业的服务标准、建立信用体系以及发展信息系统等方式，可以引入更多高品质的财务服务商进入市场。这将使整个财务服务市场更加规范化，不仅能够满足用户简单的记账需求，还能够满足他们在税务、财务制度、财务管理、经营分析等方面的全方位业务需求。这种增量共享经济的模式将促进财务服务市场的发展，提高服务质量，为中小企业提供更专业、全面的财务支持，有助于推动中小企业的发展和创新。

### 3. 跟踪经济

跟踪经济是指在对某个事物进行追踪和跟进的过程中挖掘商业价值。在过去的二十年中，跟踪经济一直发挥着重要作用，并不断随着时代变革进行演进。最早期的跟踪经济建立在基于个人计算机（PC）的互联网基础上。在这个阶段，跟踪范围受限，通常只能跟踪用户在计算机上的活动记录，例如登录地点和访问时间。尽管跟踪范围有限，但仍然可以通过简单的商业模式挖掘出商业价值，例如行为习惯分析和消息推送。

随着移动互联网的兴起，跟踪经济的范围扩展到了人在移动时的动态位置。这一突破使得商业创新也得到了推动。从而出现了许多丰富的应用，例如高德地图的人车定位、美团外卖的送餐员定位、滴滴出行的乘客定位以及移动考勤签到等。这些应用不仅提升了用户体验，也为商家提供了更精准的服务和运营模式。

而在物联网时代，跟踪经济进入了第三个阶段。在物联网的基础上，结合多种跟踪设备和智能时代的高运算能力，可以实现对人/物的位置、时间和行为的全方位分析。这种分析能力使得跟踪经济的商业模式出现爆发式增长。例如，在智能家居中，智能设备通过记录家庭成员的行为习惯和喜好，可以实现个性化的智能服务和推荐。在物流行业，物联网设备通过跟踪货物位置和状态，可以实现更精准的物流管理和配送服务。

在当前的数字化时代，跟踪经济的主要特点如下：

（1）跟踪设备持续丰富

在智能物联阶段，跟踪设备的种类正在持续丰富。智能手机仍然是跟踪的重要工具之一。智能手机的普及和技术进步使得其跟踪的精度和时效性较以往大幅提升。利用手机内置的 GPS、蓝牙、Wi-Fi 等定位技术，可以实现准确实时的位置定位。这种精确定位能力为商业活动提供了更精准的数据基础，例如地理位置相关的广告投放、实时的产品推荐等。

无线射频技术的低成本广泛应用使得对物体的大范围跟踪成为可能。对物体植入或贴附无线射频识别标签（RFID），可以实现对物体的跟踪和追踪。这种技术在物流、供应链管理等领域得到广泛应用。对物体的定位和追踪，可以实现货物的精确管理和实时监控，提高物流效率和准确性。

智能穿戴设备的普及也为跟踪经济带来了新的发展机遇。例如智能手表、智能眼镜等智能穿戴设备，通过搭载传感器和定位功能，可以记录个人的运动轨迹、心率数据、睡眠情况等。这些设备可以在不方便使用手机进行跟踪的场景中，提供更全面和准确的个人数据，为健康管理、运动监测等领域提供更精准的服务和个性化的推荐。

这些设备的出现使得跟踪经济在精确度、覆盖范围和应用场景等方面都得到了极大的提升。充分发挥这些跟踪设备的潜力，可以实现对位置、行为和健康等方面的全方位跟踪和分析。这将为商业活动的个性化定制、精准推荐和运营管理提供更多机遇，推动跟踪经济的发展和创新。同时，随着新技术的不断涌现，跟踪设备的种类和应用场景还将继续扩展，为跟踪经济带来更多的可能性和商机。

（2）分析能力持续提升

随着跟踪设备种类的丰富，这些设备所能够采集到的跟踪信息也呈指数级上升。这一变化给数据分析带来了巨大的挑战，需要更强大的计算能力来处理和分析这些大数据。在数字化时代，云计算技术的发展以及计算机本身算力的提升和大数据技术的成熟，使得我们能够更好地应对这样的大数据分析需求。

云计算技术为数据分析提供了强大的计算和存储能力。将数据存储和处理转移到云端的服务器上，可以充分利用云计算平台的弹性和扩展性，提供更大规模的计算资源，以满足大数据分析的需求。同时，云计算还可以实现数据的共享和协同处理，使得多个用户可以同时访问和分析同一份数据，提高工作效率和数据的利用率。

不仅云计算可以提供分析保障，计算机本身的算力不断提升，也能够帮助管理人员更快地进行数据处理和分析。随着硬件和处理器的不断更新和升级，计算机的运算速度和处理能力大幅度提高，能够更快地处理大规模的数据集，提高数据分析的效率和准确性。

此外，大数据技术的发展也为数据分析提供了更多的工具和方法。例如，分布式存储和处理技术、机器学习和人工智能算法等，都可以帮助我们更好地处理和分析大数据。这些技术和方法能够对海量数据进行筛选、清洗、挖掘和建模，从中发现有价值的信息和模式，并为商业决策提供更准确的依据。

在智能物联时代，我们已经不再受到计算能力的约束，可以更加自由地对数据进行分析。通过精选数据，借助云计算技术和大数据技术的支持，财务管理人员可以更好地运用采集到的海量数据发现其中的商业价值，并为企业和用户提供更精准的服务和个性化的推荐。

（3）商业应用持续进步。

在电子商务领域，智能物联技术发挥了重要作用。对商品出厂后的完整移动路径进行跟踪，我们可以追踪商品从生产到配送的每一个环节。这种追踪能力大大降低了商品造假的可能性，用户可以轻松地查询商品的来源和供应链信息，特别是对于一些单品价值较高的网购商品，用户能够轻易地识别出是否存在异常情况，例如是否使用境外商品冒充国内正品。

智能物联技术的跟踪和分析能力也带来了对供应链管理的重大改变。通过实时跟踪和分析设备的数据，企业可以更准确地掌握物品的流动情况，并进行及时调整和优化。这种实时的供应链可视化能力使企业能够更好地预测需求，减少库存和运输成本，并提高物流的效率。

此外，智能物联技术的应用也让消费者更加方便地完成支付和结算。物联设备和移动支付技术的结合，可以使消费者享受到更快捷和安全的支付体验。例如，智能冰箱可以自动识别商品并将其加入购物清单，当消费者购买时，可以直接通过手机或其他智能设备完成支付，减少了传统购物和支付过程中的烦琐步骤。

总之，智能物联技术的跟踪和分析能力给商业带来了诸多好处。从共享单车行业的创新商业模式到减少商品造假的可能性，再到优化供应链管理和改善消费者支付体验，智能物联的应用正不断地推动商业领域的进步和发展。

### 4. 跟踪经济与财务管理

当跟踪成本大幅降低后，企业将有机会通过推广跟踪技术来提升财务管理的水平。跟踪经济的重要性在于提供核算、风控和分析所需的丰富数据，而对这些数据的充分应用将解决传统财务模式下难以解决的问题。

（1）解决存货管理问题

在传统财务模式下，对于存货的管理往往需要大量的业务信息输入，并且这些信息的可靠性需要进行验证。这在企业自身的财务管理以及外部审计师的审计过程中都是必要的。然而，在某些情况下，这些业务信息输入可能会存在一定的问题，导致财务信息无法准确地反映实际情况。

举个例子，有些企业将产品备件发往海外仓库，但由于各种原因，这些备件在海外仓库中被长时间闲置，没有得到有效利用，造成了巨大的损失。在财务上，这种情况很难被准确地记录和反映。类似的，对于生物资产，如羊群等，传统的管理模式更加困难，因为如何实时盘点移动中的生物资产是一个挑战。如果这些产品备件配备了跟踪芯片，那么企业可以实时了解它们在海外仓库中的位置和状态，从而及时调整管理策略，避免资源闲置和损失。对于生物资产，跟踪芯片等技术可以帮助实时监测羊群的位置和数量，方便企业进行准确的盘点和管理。

使用跟踪经济技术，企业能够更加高效地管理存货和生物资产，实现财务信息的准确性和及时性。这为企业的财务管理提供了更大的便利和信任度，同时也为外部审计师提供了更可靠的数据来源。此外，跟踪经济技术的应用还可以提高企业的业务财务一体化水平，帮助企业更好地掌握业务运营情况，提高决策的准确性和效率。

（2）解决重要风险物品的管理问题

在财务管理过程中，合同、印章、银行账户 UKey 等都属于风险较高的物品。在传统模式下，对这些物品的管理往往存在困难，并且容易出现财务操作风险事件。然而，在跟踪技术的应用下，可以通过在合同、印章和银行账户 UKey 中直接附加跟踪芯片，实现对这些高风险物品的精准风险管理。

在合同、印章和银行账户 UKey 中嵌入跟踪芯片，可以实现对这些物品和其保管位置之间的实时监控和预警管理。当这些物品距离其保管位置达到预设的警戒范围时，即可触发警报。这样一来，即使这些高风险物品被移动或离开了指定的保管区域，管理人员也能够及时获得通知并采取相应措施，确保安全和防范风险。

此外，结合保管柜的权限管理系统，能够更加精确地还原这些高风险物品被使用的具体场景。记录和追踪跟踪芯片的数据，可以详细了解谁在什么时间使用过什么物品，从而实现对风险管理问题的解答。例如，如果出现财务操作异常或者不当使用这些物品的情况，管理人员可以追溯到具体的使用者和时间，进行责任追究和风险管控。

通过跟踪技术的应用，对高风险物品进行精准风险管理，可以大大提升财务操作的安全性和准确性。不仅能够防范潜在的风险事件，提高财务管理的效率，还能够提供可靠的数据来源，用于日后的审计和调查。这种高风险物品的跟踪管理不仅是对财务管理的重要补充，同时也是对企业内部控制和风险管理的一种创新探索。

（3）实现业财一体化管理

在传统的经营分析和业务财务工作中，财务和业务之间的距离是一个非常大的挑战。尽管一直强调财务要深入业务，但客观条件使得我们难以真正做到这一点。这导致财务分析很容易停留在数字层面，而难以深入问题的本质。

跟踪经济技术的应用在某种程度上可以改善这一情况。随着智能物联的发展，业务部门对采用物联网管理的强烈动机逐渐增强。随着整个社会的发展，物联网将成为社会的统一规范。这意味着财务部门应当积极地利用物联网背后的大量信息，并有可能打破自身企业的边界，结合整个供应链中的物联信息来获取更为广泛的数据基础。

基于物联网的数据，财务部门可以更全面地了解业务的运作和执行情况，获得与业务部门相对平等的信息透明度。有助于财务的经营分析和业务财务工作更加深入地了解问题的本质，并提供更准确的决策依据。例如，通过跟踪物联网中的数据，财务部门可以更好地了解产品的生命周期，包括从供应链到销售环节的各个阶段，从而更好地评估产品的盈利能力和风险。

此外，跟踪经济技术的应用还能够实现财务和业务的深度融合。通过整合物联网的数据，财务部门可以更加准确地评估和预测业务的财务状况和发展趋势，为业务部门的决策提供更有力的支持。同时，财务部门可以更主动地参与业务的规划和执行过程，与业务部门紧密合作，共同实现企业的战略目标。

# 二、数字化时代企业财务管理信息化建设面临的挑战

随着我国互联网技术的不断发展，企业财务管理信息化建设得到了良好的推动。在这一过程中，企业需要不断提高对信息技术的应用能力，强化创新与

运用。同时，企业还应关注信息技术和网络技术的应用，加大投入力度，使信息化建设渗透到财务管理的方方面面。

然而，在当前的实施过程中，我国大多数企业虽然已经对信息化建设有了足够的重视，但仍存在一些问题，这些问题严重影响了企业财务管理信息化建设的效率和质量。如：信息化建设环境尚不完善，建设内容不够全面，企业财务人员在推进过程中表现出职能认识不清，个人专业素质未达到财务转型后业务体系的要求，以及财务信息化建设与企业现有状况及未来业务需求不匹配等。为解决这些问题，企业在数字化时代背景下，应从自身发展和需求出发，构建信息化平台。通过技术、人才和管理的多维度协同，推动企业财务管理的顺利转型。这样，企业才能在信息化建设的道路上更加稳健地前进，不断提升财务管理水平。

### 1. 财务数据和财务信息的安全问题

在数字化时代，企业财务管理面临的一个重要挑战是数据安全。为防范数据泄露和黑客攻击等数据安全问题，企业需采取以下措施保护财务数据：首先，确保数据的完整性，做好访问管理。企业财务数据是核心资产，若遭黑客攻击或泄露，可能导致企业经营状况严重受损，甚至遭遇破产危机，因此对财务数据的访问管理需要重视。其次，还需要加强对财务数据的管理和监督，防止数据被篡改和泄漏。

### 2. 财务管理模式迫切需要转型升级

在数字化时代，企业财务管理正逐渐从传统的纸质化操作转向信息化、智能化方向发展。为了在激烈的市场竞争中脱颖而出，企业需要更多地依赖数据分析和预测，从而制定出更加精准的决策。然而，要实现这一目标，企业必须具备丰富的数据分析工具和技能。

首先，传统的财务管理工作往往需要大量人力投入，例如票据核验、入账和数据统计等。这种做法不仅需要不小的人力投入，又容易因人工操作失误而出现数据错误等问题。因此，企业急需引入现代化的财务管理手段，以提高工作效率和减少错误发生。

其次，在数据分析和预测方面，许多财务管理人员缺乏专业知识，这使得他们在面对市场变化时难以准确预测并采取有效措施应对风险和挑战。要想改善这一现状，企业应当加强财务管理人员的数据分析技能培训，提高他们的专业素养，这也是企业财务管理转型升级过程中的必要环节。

最后，随着数字化时代的到来，企业财务管理面临着前所未有的挑战。尤其是在自动化水平的提升方面，企业需要培养更多具备信息化工具使用能力的数据分析人才。升级财务管理系统，实现财务管理的智能化和高效化，有助于企业更好地应对市场变化，实现可持续发展。

### 3. 信息化技术更新速度不够快

在数字化时代，技术更新迭代速度极快，企业为保持竞争力，需不断升级其财务管理系统以适应科技发展趋势。然而，这一过程需要投入大量时间和资金，以确保系统始终保持最新状态。可惜的是，部分企业因资金和精力有限，系统更新速度滞后，进而使信息化建设与企业发展脱节。此外，一些企业在追求系统先进性的同时，却忽视了安全性。他们未能充分认识到数据安全威胁可能给企业带来的巨大损失。事实上，在财务管理领域，数据安全至关重要，遭受攻击或泄露会严重影响企业运营甚至可能导致企业破产。

### 4. 缺乏财务管理信息化专业人才

数字化时代，具备相关技能的人才成为企业竞争的关键。然而，这些人才在市场上往往供不应求，招聘难度较大。因此，企业需要在招聘、培养和留住人才方面付出更多的时间和资源，以确保企业财务管理信息化专业人才的充足供应，满足企业发展的需求。比如在招聘环节，企业应制定具有吸引力的招聘策略，通过多种渠道寻找并吸引具备相关技能的人才。此外，企业还可以加强与高校和职业培训机构的合作，为优秀人才提供实习和就业机会。如果企业无法在数字化时代进行有效的转型升级，势必会面临巨大的风险。因此，企业应高度重视人才战略的制定和实施，为企业的长远发展奠定坚实基础。

### 5. 成本投入负担较重

要进行财务管理领域的变革，企业需要投入更多资源以提升财务管理的效率和水平。然而，这种投入可能会给企业带来一定的成本压力，使得企业在财务管理方面的成本增加。因此，如何在确保财务管理系统有效性的同时，实现成本效益的最大化，成为企业在数字化时代面临的一大挑战。

企业在财务管理方面的投入，如果管理不当，可能会对企业的成本管理和成本效益产生负面影响。过高的投入可能导致企业成本失控，进而影响企业的整体运营状况。因此，企业需要在财务管理信息化建设中找到一个平衡点，确保投入与产出之间的合理关系，合理规划和使用资金和人力资源，避免盲目投资和资源浪费。此外，企业还需密切关注财务管理系统的实际运行效果，以便及时调整策略，提高投资回报率。

总之，在数字化时代，企业应在确保财务管理系统有效性的前提下，加强成本控制和投资回报分析，以实现成本效益的最大化。只有这样，企业才能在激烈的市场竞争中立于不败之地，实现可持续发展。因此，企业应高度重视成本管理和投资回报，为企业的长远发展奠定坚实基础。

## 三、数字化时代背景下企业智能财务管理建设的有效途径

### 1. 有效保卫财务数据安全

企业在推进财务管理信息化建设过程中，应重视信息技术管理和控制，确保建设的顺利进行。企业需建立完善的信息技术管理制度，对信息系统进行全面的安全评估和风险分析。在此基础上，制定合理的安全措施和操作流程，确保财务管理信息系统的安全稳定运行。

在企业智能财务管理的建设过程中，要加强对信息技术的管理和控制，企业还应重视数据的安全性，加强对数据的加密和备份，以防黑客和病毒攻击。定期对信息技术进行维护和更新，以满足不断变化的需求。同时，加大对信息系统的安全检测力度，及时发现并解决可能存在的安全隐患，确保财务管理信息化建设工作的顺利进行。此外，企业需建立财务管理信息化建设规章制度，明确内部信息安全工作的职责。制定相应的处罚措施，确保信息安全。在此基础上，加强对内部人员的管理，规范信息技术使用流程，强化对数据的权限控制，从源头上杜绝内部人员可能存在的操作失误或恶意攻击等问题。

### 2. 借助信息化技术系统实现智能财务管理转型

企业应建立数字化财务管理系统，实现财务管理的高效化、精准化和智能化。具体来说，智能财务管理系统应包括企业业务系统、财务系统、预算系统和资金管理系统等组成部分，通过财务软件对企业业务、资金进行全面管理，确保财务数据的真实性和完整性。这不仅为财务分析提供了可靠的数据支持，

同时也便于企业做出明智的价值决策。

在数字化财务管理系统的基础上，企业还应推进财务管理全流程的数字化，涵盖财务报表、预算管理、成本控制、资金管理等环节，全面提升财务管理的全面性和精细化水平。企业可以根据数据的真实性、完整性和有效性编制科学合理的财务报表，提高财务报表的决策价值。企业可以利用数字化信息系统全方位、全过程、精细化地管理企业预算，促进预算管理从"粗放型"向"集约型"转变。

此外，企业还需实现财务管理与业务管理的一体化。通过数字化信息系统，实现财务管理与业务管理的无缝对接，提高企业管理效率和决策能力。例如，企业可以利用数字化信息系统进行项目成本管理，将项目各项费用支出细化分解，然后结合企业经营特点和经济业务进行成本分析，从而提高成本控制能力。

### 3. 注重新技术与新场景的实际应用

企业在财务管理中应积极关注并应用新技术和新场景，以实现财务管理的升级转型和创新提升。

企业应重视云计算、大数据和人工智能等新技术的应用。云计算能为财务管理提供高效的信息存储服务，大数据则能对这些海量信息进行深度分析和处理，而人工智能则可通过虚拟现实等技术，将财务人员从烦琐的数据统计工作中解放出来。利用这些技术有助于企业释放人力资源，将更多精力投入到数据分析工作中，从而促进财务管理的转型。

其次，企业也应关注移动互联网、物联网等新场景的应用。移动互联网为企业提供了全新的服务模式，物联网则能实现数据的有效处理。这些新场景的应用，将有助于提高财务管理的效率和准确性，为企业提供更为丰富和全面的财务信息，从而助力企业更好地制定决策。

此外，企业还需实现数字化信息系统的升级。引入新技术和新场景，对数字化信息系统进行升级和优化，进一步提高财务管理效能，使其更好地服务于企业的整体发展。

### 4. 重视信息化专业人才的吸纳和培养

企业应建立信息化专业人才培养机制，通过内部培训、外部招聘等途径，引进并培养具备信息化专业能力的优秀人才。为了提升员工的信息技术水平，企业还需搭建信息化专业人才培养平台，如利用信息化管理软件培训、信息化系统培训等形式，对员工进行系统性培训，从而为企业财务管理信息化建设提供坚实的人才支持。

信息化专业人才的管理与激励也需要引起企业的重视，企业可以通过薪酬、晋升等手段，激发信息化专业人才的积极性和创造力。例如，在信息化系统运行过程中，根据员工的工作表现、信息技术水平等指标进行绩效考核，并将考核结果与绩效奖金挂钩，从而调动员工的积极性和工作热情。

此外，企业还需建立信息化专业人才的交流和合作机制，促进人才之间的互动与共享，提升信息化专业人才的综合素质和能力。通过定期的研讨会、培训课程和项目合作等方式，让信息化专业人才在交流与合作中不断成长，为企业财务管理信息化发展贡献力量。

### 5. 利用数字化信息系统提升企业成本效益

企业应构建数字化信息系统的成本效益评估机制，通过成本效益分析来制定合适的数字化信息系统建设方案和投资规模。在制定建设方案时，要充分考虑企业财务管理工作的特性与需求，确保方案科学合理。为保证数字化信息系统的建设质量和进度，企业应改进建设过程，采用合理的项目管理和风险控制方法。为了保障企业数字化信息系统的长期稳定运行，应建立配套的反馈机制，以便及时发现并解决数字化信息系统建设中出现的问题，不断优化和改进，确保系统长期价值与效益，从而实现高效运行。

总的来说，随着数字化时代的来临，企业所面临的竞争压力和经营环境日益加剧，财务管理在企业发展中的重要性不言而喻。在这种背景下，企业应通过信息化建设提升财务管理效率，并运用数字技术打通市场与企业的信息沟通渠道，以增强市场竞争力。要想实现这一目标，企业需兼顾内部外部因素，共同推动财务管理信息化建设。

# 第2章 数字化时代企业智能财务管理变革

## 2.1 数字化时代的智能财务管理逻辑

在数字化时代，企业要想更好地完成智能财务管理的改革，可以从以下几个方面来对财务管理的转型进行全面把控。梳理好企业智能财务管理的逻辑，可让企业的财务组织转型获得事半功倍的效果。

### 一、财务组织逻辑

#### 1. 打破财务管控的局限性

在当今的商业环境中，财务管控面临着企业组织的严重限制，这是企业财务管控发展和改革所面临的一项不容忽视的问题。无论是集团、业务板块还是子公司，企业的每个层次之间都存在着无形的数据壁垒，给企业的财务管控形成了重重阻碍。而当现实中企业无法直接将人力资源渗透到最末端时，数据就成为了实施集团财务管控的关键要素，通过控制数据也可以达到控制企业财务的目的。然而，数据壁垒的存在使得实际中的管控的力量逐渐减弱。随着智能时代的到来，数据将实现高度集中和透明化，数据的边界将被打破。在数据壁垒消失的情况下，企业中的财务管控必将向更加全面化的方向去发展，这是智能时代管控的新逻辑。

#### 2. 刚柔并济的组织方式

现代企业中的财务组织主要是在刚性管理的基础上建立的。在弗雷德里克·泰勒提出的科学管理理论中，他将企业中的员工视为"经济人"和"会说话的机器"，他的理论主要强调的是组织中的权威确立和专业分工，体现出了比较明显的刚性特征。刚性组织的建立主要依赖于组织制度和职责权力的明确，在刚性组织的企业中，管理者的角色主要在于下达命令、监督和控制各部门等。然而，进入数字化时代后，企业更需要活力和创新来为企业带来更多变化的契机。数字化时代，企业需要在刚性组织中加入更多的柔性，通过柔性管理的方式来激发员工的创造力和主动性。柔性管理依靠共同的价值观和组织文化来激发员工的内在驱动力，以适应数字化时代中企业管理所需的改革与发展、灵活与弹性等，这是数字化时代企业组织管理的新逻辑中的重要部分。

### 3. 财务人员的能力拓展

进入数字化时代以来，财务管理对财务人员提出了专业纵深能力的进一步要求。财务管理领域涵盖了会计、税务、预算、成本等多个垂直领域，因此，许多财务人员经过多年的工作积累，深耕自己的专业领域，在自身领域往往具备很强的专业能力，这是他们的能力优势。然而，在数字化时代，人工智能等技术的应用可以对财务人员的知识深度和知识应用起到很好的辅助作用，并且在财务管理中，财务人员的视野将获得大幅度的扩展，横向宽度不断提升。对于财务人员来说，这是对他们跨专业领域的协同创新能力的一大考验，只有在提升专业能力纵深的同时，不断加强横向视野的拓展，才能适应数字化时代的财务管理要求，这意味着，适度的纵深加强和积极的横向拓展将帮助财务人员形成更适应时代发展的知识结构，这是数字化时代对于财务人员知识和能力拓展的新逻辑。

### 4. 主动迎接观念转变

过去，财务人员对于工作的观点普遍是认为自己需要以严谨的态度来处理和解决问题，并且在工作中总是习惯于被动地应对变化。在许多中小企业中，财务部门通常被定位为纯粹的辅助性部门，企业的管理层和业务部门也常常认为财务部门只扮演后勤角色，这些都是典型的被动工作观念。在这种认知和定位下，财务部门所能掌握的资源也会非常有限，很难发挥出有效的管理推动作用。然而，进入数字化时代之后，企业的财务改革需要更加强调财务人员基于大数据和智能分析的主动发现能力和统筹管理能力。对于财务人员来说，要实现这种观念的转变，一定要先让自己的工作思维进行转变，从被动响应变化转变为主动迎接变化，主动发现和处理工作中的新问题，这是数字化时代财务管理人员在观念转变方面的新逻辑。

## 二、管理技术逻辑

管理技术在企业的财务改革中对于提高财务工作效率和财务管理水平具有至关重要的意义。财务管理技术的逻辑转变让财务部门能够涉足更广泛的管理技术领域，从而有机会获得更先进、具有更高价值的管理技术工具，推动企业财务改革的进行。下面将从多个方面分析企业财务管理技术的新逻辑。

### 1. 大数据技术工具

传统的财务数据处理和数据分析工作往往是基于结构化数据来进行的，相对于数字化时代企业日常经营所生成的大量数据，我们可以把这些结构化的数据称之为"小数据"。对于传统财务人员来说，处理这些"小数据"是在他们所擅长的工作领域，而且传统财务分析所使用的技术工具也主要是针对"小数据"的处理来开发的。在数字化时代，企业日常经营所产生的数据量正在成倍增长，但"小数据"的处理仍然是财务领域不可或缺的核心，因为许多财务管理理论都是建立在结构化数据基础上的。在处理好"小数据"的同时，财务人员为了更好地迎接财务管理改革，还需要高度重视"大数据"的处理。基于大数据的技术工具可以处理海量的非结构化数据，帮助财务人员超越传统思维的局限，开拓广阔的新领域，这是智能时代数据应用的新逻辑。

### 2. 云计算技术工具

在传统的财务管理中，信息系统多数是基于本地部署的，在进入数字化时代之后，这一逻辑需要进行一定的改变。站在用户的角度来说，本地部署模式能更好地满足企业管理的各方面需求，并可以实现按需建设，这是本地部署的优势所在。然而，本地部署规模的增大带来的负面影响也变得越来越明显，比如昂贵的运维成本和大量企业资产的占用，等等。随着时间的推移，运维成本还有可能继续扩大，加大企业的负担。进入数字化时代之后，企业在财务管理方面越来越需要大数据和机器学习等技术带来的计算能力提升，与此同时传统的本地部署模式将受到限制。因此，云计算将成为企业财务管理技术应用的选择方案之一，不管是使用公有云、私有云还是混合云等云计算的部署方式，转向云计算已成为企业财务管理在技术方面的必然趋势。

### 3. 信息分布式记录

在传统的财务信息记录方式中，所有的数据都集中存储在一个中心数据库中。这种方式的好处是数据存储量小，不会占用大量的资源。然而，这样的集中记录方式存在着数据的安全性和一致性的问题。很多公司常常遇到的财务问题就是业务与财务之间的不一致，或者可以解释成不同系统之间的同源数据不一致。

随着数字化时代的到来，区块链技术开始普及，财务信息的记录方式受其影响，正在发生重大改变。现在，财务信息集中记录的方式逐渐成为过去式，分布式记录的方式正在悄然兴起。利用区块链技术，可以让财务信息进行去中心化的多账本同步记录，这意味着财务信息不再依赖于单一的中心数据库，而是通过网络中的多个节点进行记录。

尽管这种财务信息记录方式可能导致大量的数据冗余，但随着网络和存储技术的快速进步，这个问题将会被克服。现在的网络和存储设施能够更好地处理和存储大量的数据，数据冗余的问题与其带来的许多优势和应用场景相比，利大于弊。

首先，分布式记录的方式增强了财务信息的安全性和一致性。由于财务信息存在于多个节点中，并且需要多个节点的共识才能进行更新和修改，因此任何恶意的篡改或伪造都将变得非常困难。这种方式下，财务信息的真实性和可信度得到了极大的提升。

其次，分布式记录还能够提高财务信息的可追溯性。由于财务信息的每一个变更都可以被记录在多个节点中，因此可以轻松地追溯每一笔账务的起源和变更历史。这对于审计和监管机构来说非常重要，可以有效地防止欺诈和违规行为的发生。

另外，分布式记录的方式还能够增加财务信息的透明度和可访问性。通过区块链技术，任何拥有权限的人都可以查看和验证财务信息，无需依赖中心数据库或特定的系统。这使得财务信息对于公司内部和外部利益相关者来说更加透明和可信。

总的来说，分布式记录的方式是智能时代财务信息记录的新逻辑。它提升了财务信息的安全性、一致性、可追溯性、透明度和可访问性。尽管可能会存在数据冗余的问题，但随着网络和存储技术的进步，这个问题将逐渐被克服。

因此，分布式记录将在越来越多的财务信息管理和交易场景中得到广泛应用。

### 4. 管理流程调整

在传统财务管理中，为了保持端到端流程的可靠性，财务人员一般倾向于使用固定流程，这样可以让流程的可靠性和维护便利性得到了增强。然而，这也导致出现了流程的灵活性不足以及响应速度较慢等方面的问题，在使用中还有很大的优化空间。

在数字化时代，财务管理可以通过使用更高效的流程引擎来完成管理流程控制的升级，比如可以让财务系统基于动态数据分析及时调整流程控制参数等，同时还可以在财务管理流程中加入更多可以智能处理的环节，这样即便财务管理的流程发生了很多变动，也不会给财务管理的实际运营造成过多的压力。

在这种情况下，企业可以适度地将财务管理流程从稳健型转向灵活型，优化财务管理的弹性。当财务管理的灵活性得到提升后，管理流程可以根据动态数据分析进行实时调整，还可以让流程引擎自动处理一些基本问题，减轻财务人员的工作压力，提高工作效率。不仅如此，这种灵活性的提升还可以为财务流程的持续优化和改进提供更多的空间，为企业未来的财务管理改革打通更加宽阔的通道，提供更多的机会。

### 5. 物联概念应用

在传统的财务管理中，财务人员往往专注于数字之间的联系，无论是流程处理还是经营管理，数字流转是管理的主体部分。在当前的数字化时代，管理人员可以比较便利地将一系列的经营管理过程和流程转换为数字形式，以便进行量化管理。在此基础上，其实还可以在数联的基础上叠加物联的概念，对财务管理进行进一步的升级。

随着物联网技术的不断发展，关键实物、人员和财务凭证等的流动可以被打上物联标签，从而将物流信息进一步转换为数字信息。财务人员可以通过数字化分析进一步关注在没有物联时难以察觉到的管理视角，对企业财务进行更加细致入微的把控。这里需要强调的是，物联并不排斥数联，而是对数联的升级和补充，企业可以在数联的框架下加入物联信息，从而实现数字化和物联化的互联，实现更好的管理效果。

以企业的物流管理为例，在物流中引入物联概念，企业可以更加全面地了解实物的流动和位置，并将这些信息转化为数字数据进行分析。这种数字化的管理视角可以帮助企业更好地把握物流运输的成本、效率和质量，从而进行更精细化的管理和决策。此外，物联的应用也可以帮助企业实现更高效的供应链管理。将供应链中的各个环节与物联系统连接，企业可以实现实时监控和数据收集，提高供应链的可见性和响应能力。这将有助于优化供应链的安排、降低成本。

总体而言，智能时代的新逻辑是在数联的基础上叠加物联的概念，实现数字化和物联化的互联。物联技术可以将实物的流动转化为数字信息，并融入数联的管理框架中。这为企业提供了更全面的管理视角和更高效的决策基础，有助于提升供应链管理的效率和质量。

## 三、管理实践逻辑

财务管理实践是财务管理改革中的重要一步。管理实践的逻辑转变，可以在财务管理实践中引入新的视角，在此基础上通过新模式来对企业当前的财务管理工作进行改革升级。以下就从财务绩效、预算等多个方面来对管理实践逻辑进行具体的分析。

### 1. 绩效管理

在过去的财务管理实践中，绩效管理一般是通过预先设定因果关系来监控业务部门的执行情况，在实践中会涉及设定关键绩效指标（即 KPI) 和目标值等作为辅助绩效判断的工具。管理者可以对 KPI 等数据进行偏差分析，从中找出存在的问题并采取相应的解决措施。这种因果分析方法是目前企业管理中十分常见的绩效管理思维。

由于大数据分析并不强调因果关系，而更注重相关性，这为经营分析提供了另一种思路。财务管理人员可以基于大数据分析，找到影响 KPI 偏差的因素并确定其影响方向，然后直接对这些因素进行干预管理，这也是数字化时代绩效管理的基础逻辑。大数据分析可以帮助管理人员更加精准地寻找问题与结果之间的相关性，尤其是隐藏较深的关联关系等，并直接对相关因素进行干预管理。在实践中，这意味着在对绩效数据进行分析时不再需要预先设定因果关系，而是可以通过大数据分析来发现实际的相关因素。

通过大数据分析，企业可以更好地了解业务环境中的关键因素和变化趋势。这使得企业可以更加准确地预测和识别影响 KPI 偏差的因素，并及时采取相应的行动。这种新的绩效管理逻辑提供了更灵活、反应更迅速的管理方式，使企业能够更快地适应变化和优化业务绩效。这种新的管理思维突出了数据的重要性，并提供了更灵活、效率更高的技术手段，有助于企业提高绩效管理的准确性和效率。

## 2. 预算管理

在传统的预算编制和资源配置中，管理人员往往依赖于自身积累的经验来进行判断。即使使用了复杂的作业预算概念，其中的业务动因也主要是基于经验形成的。这种依靠经验制定预算的方法，意味着对预算编制人员的经验要求很高，而且其结果也很不稳定，在预算编制的过程中还经常存在着很大的弹性和空间。同时，预算编制和业务部门之间的沟通有时也是预算管理实行过程中的一项阻碍，综合上述几点，我们可以认为，传统的预算管理方式对于企业发展来说是非常需要优化的。

依靠大数据技术带来的可预测性，财务管理人员通过分析数据并从结果出发来制订预算规划。同时，大数据技术还可以找到影响企业经营结果的热点因素，通过确定这些热点因素的资源投入，实现精准预算或精准资源配置。

相比传统的经验预算，数字化时代的预算逻辑更加科学和准确。利用大数据分析，企业可以深入了解自身业务和市场环境，并根据数据的指引进行资源投入和优化。这不仅可以提高预算的准确性和稳定性，还可以为企业提供更高的决策效率和更大的竞争优势。

## 3. 管理会计

传统管理会计中的核心部分是维度。在数字化时代的管理会计模式下，要实现多维度的盈利分析目标，过去的关系型数据库的性能已经无法满足管理人员的需求，急需拓展数据的维度来为管理会计提供必要的数据参考，因此多维数据库成为当前管理会计系统的主流数据存储方式。即使如此，在管理设计中，管理人员对维度仍然非常谨慎，倾向于尽量减少不必要的维度，以提高工作流程的运行效率。

实际上，在数字化时代，无论是算力还是数据处理模式，都有可能存在更大的提升空间。尽管目前的技术还没有突破到理想的状态，但相信在不远的将来，维度的组合计算将不再成为业务设计的限制，实现全维度的管理会计将成为可能。

概括来说，数字化时代管理会计的新逻辑是基于算力和数据处理模式的提升。随着计算能力和数据处理技术的发展，我们可以期待更高效、更强大的数据处理和分析能力。维度的组合计算不会再受到限制，从而实现更全面、更准确的管理会计分析。全维管理会计意味着可以同时考虑和分析各种不同的维度，而不受限于当前的约束。这将为管理会计人员提供更全面的数据视角和更深入的洞察力，从而在业务决策和绩效管理方面做出更准确、更有针对性的决策。

目前来看，要实现全维管理会计需要克服技术上的挑战，包括算力、数据处理和存储的能力等方面。但随着技术的不断发展和突破，我们期待智能时代管理会计朝着全维度的方向发展，为企业提供更广阔的管理视角、更精确的决策支持、更深入的洞察力和更具竞争优势的管理效能。

### 4. 成本控制

随着智能时代技术的进步，传统的成本管理方式已经不再适应现代企业的需求。传统的成本管控是在成本发生后进行的事后追踪，该方式存在着一定的局限性。然而，在现阶段，这种成本管理方式仍然是必要的，并且是能够发挥作用的。

进入数字化时代后，企业的成本控制环节也随之发生着变化，为了提高成本控制的效率和精细程度，成本和费用被细分为每一个子类，并且可以进一步向前延伸。在每个子类中，可以建立专业的前端业务管理系统，例如商旅管理系统、品牌宣传管理系统、车辆管理系统、通信费管理系统等。这些前线业务管理系统可以与财务系统进行无缝衔接，将成本费用的管理前置到业务过程中。

这种智能时代控本的新逻辑具有许多优势。首先，将成本费用的管理前置到业务过程中，企业可以更加全面地了解和掌握成本费用的情况。不再仅仅是事后追踪，而是能够及时地监控和控制成本费用的发生和使用。

其次，这种智能时代控本的新逻辑可以提高企业的运营效率。通过建立专业的前端业务管理系统，企业可以更加高效地进行成本费用的管理和控制。不再需要耗费大量的时间和人力进行事后追踪，而是可以在业务过程中及时地进行成本费用的记录和分析。

此外，智能时代控本的新逻辑还可以促进企业的创新和发展。通过细分成本和费用，企业可以更加深入地了解不同子类的成本构成和使用情况。这有助于企业发现成本管理的薄弱环节，并进行相应的改进和创新。

总的来说，传统的成本管理方式在现阶段仍然是必要的，但随着智能时代技术的进步，智能时代控本的新逻辑已经成为趋势。建立专业的前端业务管理系统，将成本费用的管理前置到业务过程中，是企业提高成本管理效率、促进创新和发展的重要手段。随着科技的不断发展，我们可以预见，智能时代的成本管理方式将会进一步得到完善和提升。

### 5. 业财融合

在传统的企业业务与财务管理分行的管理模式下，业务系统和财务系统之间存在着数据传递的瓶颈和延迟。数据需要从一个系统中导出，然后通过不同的方式与财务系统进行对接，这不仅浪费了时间和资源，也容易出现数据丢失或错误的问题。此外，传统模式下，企业需要维护多个系统，包括业务系统和财务系统，给企业的信息化建设和维护带来了一定的困难。

而在数字化时代，可以通过建立大型企业内部统一的会计引擎，将多个前端差异化的业务系统整合为统一的平台。这个会计引擎具有高度智能化的特点，能够整合和处理各个系统的数据，并在数据传递和处理过程中实现实时性和准确性。这样的方式使业务系统和财务系统之间的数据对接变得更加高效和流畅。

此外，数字化时代的会计引擎还能够提供更加全面和深入的数据分析和决策支持。通过对多个业务系统的数据进行整合和分析，企业可以更好地了解和把握企业的财务状况和经营情况，做出更加准确和科学的决策。数字化时代业财融合的新逻辑不仅能够提高企业的运营效率和决策质量，还能够减少企业的信息化建设和维护成本。通过建立统一的会计引擎，企业可以减少系统的数量和维护工作量，提高资源的利用效率。并且，智能时代的会计引擎还具备一定的灵活性和可扩展性，可以根据企业的需求进行定制和优化，为企业的发展提供更好的支持和保障。

### 6. 财务共享

当前的财务共享服务采用的是典型的劳动密集型运营模式，即将分散的财务作业集中处理。这种模式在过去十年中为国内企业解决了会计运营成本和管控能力方面的问题。然而，我们也要意识到劳动密集型运营模式本身存在成本和操作风险。首先，随着企业规模的扩大，财务作业需要大量的人力资源来进行处理，这增加了企业的人力成本。此外，劳动密集型运营模式容易导致人为错误和操作风险，因为财务作业涉及到大量的数据录入和处理，人为因素可能会导致出现数据错误和遗漏的问题。

相比之下，基于人工智能和机器学习的共享作业具有许多优势。前端数据的采集和智能规则的应用，可以实现自动化和智能化的财务作业处理，大大减少人工操作的需求。这不仅可以降低企业的人力成本，还可以提高处理效率和准确性。

此外，依托人工智能，可以开展更加丰富和智能的风险控制。人工智能可以快速识别异常和风险信号，并基于预设的智能规则进行预警和处理。这有助于企业及时发现和解决潜在的风险问题，保护企业的财务安全。基于人工智能的共享作业还具备一定的灵活性和可扩展性，人工智能技术可以根据企业的需求进行定制和优化，适应不同规模和行业的财务共享服务。

在数字化时代的发展下，基于人工智能和机器学习的共享作业将逐渐取代人工作业。通过前端数据的采集，并依托智能规则，可以大幅减少财务共享服务中心的作业人力，从而实现从劳动密集型运营向技术密集型运营的转变，这是数字化时代财务共享的新逻辑。

### 7. 财资管理

传统的财资管理系统主要侧重于平面化的财资管理，即将重点放在账户管理、资金结算、资金划拨、资金对账等交易性处理流程上。这种平面化的财资管理模式目前在国内企业中较为普遍。

在数字化时代的发展下，随着技术支持能力的增强，财资管理将从平面走向立体，财资管理从传统的交易处理模式转变为更加复杂的司库模式。司库模式将财资管理提升到更高的层次，包括资金预测、资金投资和风险管理等方面。通过智能化的技术支持，企业可以更加精准地进行资金预测和管理，从而优化资金运作效率并降低风险。

除了司库模式，数字化时代的财资管理还包括财贷管理的转变。传统的企业内部资金管理模式逐渐转变为供应链金融模式。通过智能技术的支持，企业可以更好地实现与供应链参与方之间的财务信息共享和资金流动，促进供应链的协同发展和资金的高效运作。这种从传统的平面化财资管理到立体化财资管理的转变是数字化时代财资管理中的新逻辑。数字化时代的技术支持能力的提升为财资管理带来了更多的可能性和机遇。通过全面应用智能技术，财资管理可以实现更高效、精准和安全的运作，还可以为企业带来更多的商业机会和竞争优势。随着智能时代的不断发展，财资管理将进一步向立体化和智能化的方向发展，为企业的发展提供更好的支持和保障。

# 2.2 企业智能财务管理的建设思路

## 一、数字化时代企业智能财务管理建设的目标

在数字化环境下，传统的财务管理方式显得较为陈旧，已无法满足企业发展的实际需求。它也无法紧密跟随市场发展趋势，真正实现财务管理信息化建设的目标。通过运用先进的信息技术，我们可以高效地处理财务基础性和重复性工作，确保财务工作的集约化和精细化管理，真正发挥财务信息化的优势和效益。

在这个背景下，企业应积极探索新的财务管理模式，以适应数字化环境。通过引入先进的信息技术，我们可以更高效地处理财务基础和重复性工作，实现财务工作的集约化和精细化管理。这样一来，财务信息化的优势和效益就能得到充分体现，为企业的发展提供有力支持。

通过智能财务管理的建设，企业可以高效处理财务基础工作、实现精细化管理，充分发挥财务信息化的优势，为企业的长远发展奠定坚实基础。在这个过程当中，先进的信息技术将起到关键作用，助力企业实现财务管理的转型升级。具体来说，在数字化时代企业进行智能财务管理建设的意义主要体现在以下五个方面：

### 1. 提高财务管理效率

在一定程度上，财务管理信息化建设实现了财务信息的共享，从而有效避免了信息失真和数据冗余的问题。一方面，它降低了人工核对的工作量，消除了数据误差；另一方面，提高了数据的处理速度，为企业节省了时间成本。此外，数据平台提供的精准数据为财务分析决策提供了有力支持，使企业能够做

出更明智的决策。在此基础上，企业财务管理模式实现转型升级，助力企业持续发展。

财务管理信息化建设在提高数据处理效率和准确性的同时，还有助于优化企业内部的协作和沟通。通过搭建统一的数据平台，各部门可以方便地获取财务信息，促进企业内部资源的整合和优化配置。此外，精准的财务数据还可以为企业制订战略规划、防范风险提供有力依据。

### 2. 优化财务管理决策

利用大数据分析技术，企业可以对内外部信息进行深度整合和分析，从而实现对当前经营状况的全面、精准了解。在此基础上，企业能够对未来发展趋势进行准确预测，并根据数据分析结果制定出科学、合理的财务决策。这有助于不断提升企业的核心竞争力，助力企业在激烈的市场竞争中立于不败之地。

大数据分析为企业提供了一个全新的视角，使企业能够洞察市场动态、把握客户需求、优化产品布局。通过对海量数据的挖掘和分析，企业可以发现潜在商机，提高运营效率，降低成本，并优化资源配置。因此，企业应重视大数据分析技术的应用，不断优化财务管理模式，以适应时代发展的需求。

### 3. 强化企业风险控制

当前，我国社会经济正处在高速发展的阶段，企业面临的风险也日益增多。在这种背景下，企业需要不断提升自身的风险防控能力。企业通过运用自身的信息化系统，对内部运营管理和外部市场变化进行实时监控，全面分析其中可能出现的风险为自身的发展提供有力保障，确保在激烈的市场竞争中立于不败之地。

在信息化系统的支持下，企业能够迅速响应市场变化，及时调整经营策略。对内部运营数据进行分析，优化资源配置，提高运营效率，降低成本。同时，企业还可以借助信息化系统加强与合作伙伴的沟通与协作，共同应对市场挑战。此外，信息化系统还可以为企业提供风险预警功能，帮助企业提前防范潜在风险，确保稳健发展。

### 4. 改善内外协作机制

在数字化时代的背景下，财务管理信息化建设在企业内部与外部都发挥着重要作用。首先，在企业内部，财务管理信息化建设的应用可以提升团队协作效率，实现各部门之间的信息共享，从而降低工作中出现问题的可能性。此外，通过智能化财务管理手段，企业可以更快速地响应市场变化，进一步优化内部运营流程，提高企业竞争力。

其次，在企业外部，财务管理信息化建设同样具有积极意义。借助数字化手段，企业可以加强与政府、供应商和客户之间的沟通与合作，以更高效的方式开展业务往来。在此基础上，企业有望拓展市场份额，进一步扩大企业规模。同时，财务管理信息化建设还有助于企业及时了解行业动态和政策法规，确保企业遵循合规经营原则，降低潜在风险。在这个过程中，企业还需关注相关政策的更新，确保合规经营，为企业的长远发展奠定坚实基础。

### 5. 提升财务管理透明度

在财务管理信息化建设过程中，企业能够对财务信息进行高效记录和分类。通过计算机的自动化统计功能，财务报表得以自动生成，实现企业财务管理工作的全流程自动化和透明化。这样一来，企业的财务信息变得更加透明，有助于提升企业运营效率和内部控制水平。

此外，财务管理信息化建设还能帮助企业实现实时监控和快速响应。对财务数据进行实时分析，企业能更好地掌握经营状况，及时调整经营策略。同时，信息化建设还可以强化对企业内部流程的监控，防范潜在风险，提升财务管理水平，助力企业可持续发展。

## 二、数字化时代企业智能财务管理建设的问题和风险点

在新经济常态下，企业面临着来自多方面的挑战，包括风险控制、运营成本控制以及财务管理水平提升等。因此，财务信息化建设的需求显得尤为重要，它可以帮助企业利用信息技术高效处理基础工作，提升财务工作效率和质量，实现效率与质量的双重提升。然而，在数字化时代，由于受到多种因素的影响，企业的智能财务建设步伐滞后，无法达到理想的财务管理效果，难以为企业决策和经营提供有效支撑。

要想适应时代的发展潮流，企业必须认识到智能财务建设的必要性，并深入了解实践中遇到的困难和问题，尤其是掌握阻碍智能财务建设的核心原因，结合自身实际情况，提出针对性的解决方案和措施，企业智能财务管理建设的

问题和风险点主要表现在以下几个方面：

### 1. 缺少健全的智能财务制度

在数字化背景下，企业财务管理活动实施过程中，其管理模式是否创新，关系着企业财务管理的成效。企业需要积极利用当前信息化背景下的机遇、优势，有效处理烦琐类、复杂类的工作，保证财务管理摆脱传统管理模式，真正做好财务转型，为企业决策、经营提供指导，帮助企业高质量发展。要想更好地构建企业的智能财务管理体系，需要有完善的制度提供支撑，但是目前很多企业的管理制度还不完善，不能为各项工作顺利开展提供有力的保证，比如：在财务管理各环节中，存在人员操作标准不一、信息交流不畅等问题，导致预期目标难以实现。

有些公司在推动智能财务管理建设的时候，没有根据现实情况，制定出一套完备的管理体制，还保留着之前的固有思维，实践中缺乏可操作性和适用性，无法对各种工作进行有效的引导，或者无法做到权责明确等，很难取得更好的建设成果。另外，由于智能财务管理的建设是一个非常特殊和烦琐的过程，要想让这一工作成功地进行，就必须积极地在实际工作中对管理体制进行完善，保证它的先进性。但是，目前有些公司却忽略了这一点，没有对此进行及时的调整和优化，也没有结合企业的现实情况对智能财务管理系统进行优化。各个部门的员工在工作中缺乏行为规范，无法加速企业的财务信息化建设，在某种程度上削弱了企业的财务管理效能。

### 2. 智能财务管理平台缺失

在数字化信息不断渗透到社会各个方面的同时，企业的信息化水平也直接关系到企业的竞争实力。建立智能财务管理平台对于实现企业的战略目标，提高工作效率，防范经营风险等方面具有重要的意义，是数字化时代企业智能财务管理建设的重要环节。

然而，根据目前企业财务管理信息化的发展状况来看，缺乏财务管理信息化平台，其最大的原因在于管理者的思维方式落后，没能跟上时代的发展趋势，也没有充分地意识到财务管理信息化的重要性。因此在建设智能财务管理平台的思路上比较落后，没有将智能财务管理的优点充分地体现出来，很难从本质上打破信息孤岛等信息传输方面的问题，这就使得业务和财务部门依然各行其是，不能充分地发挥出财务信息化的优势。

缺乏智能财务管理平台，企业就无法对财务和业务执行情况进行动态、及时的跟踪，特别是各个业务部门之间的系统连接不畅，各种信息传递的时间也不够及时，各个部门无法在信息化建设中形成一个有效的整体，造成了项目建设的效率和质量不高等一系列的问题。

此外，为了让企业的智能财务管理平台能够高效、安全地运行，还必须进行科学合理的岗位设置，配备专门的员工，对员工进行有计划的训练，让他们熟练使用软件，从而确保整个企业的智能财务平台能够稳定地运行。但是，在实际工作中，一些企业却忽略了这个问题，给企业的各种工作带来了很大的困难，这在很大程度上影响了企业的智能财务管理的效率。

### 3. 财务风险预警不到位

由于各种原因，在企业的智能财务管理建设过程中，仍然存在着一系列的风险。如果不能很好地对风险进行预警和防控，就会带来一系列负面的后果，很难创造出一个好的经营环境，也很难让智能财务管理的职能发挥出来。目前，我国很多企业的财务信息系统存在着无法控制的风险，从而影响了企业的经营绩效。其根本原因在于员工的风险控制观念落后，企业风险预警系统也不健全，没有对财务管理信息化的整个进程进行分析，及时准确地识别出各种类型的财务风险。对于风险的控制，很多企业只重视事后的反馈和控制，忽略了事前的预警防范和事中的控制，不能将财务信息化的风险进行充分的发掘，也很难建立起一套完整的风险列表，不能根据各种风险的特点和影响程度制定出一套行之有效的风险对策。这样，企业的财务方面的风险隐患，也会给智能财务管理建设带来负面的影响。

### 4. 信息安全存在安全隐患

智能财务管理系统可以给企业的财务工作提供诸多好处，大大提高工作的效率和质量，但同时也产生了许多潜在的安全问题。很多企业在开发智能财务管理系统的过程中都把精力集中在了财务信息化的构建上，而忽略了对网络安全的保护，没有加强自身的安全保护意识，没有引入诸如智能防火墙、身份验证技术等安全保护技术，让企业的网络资料可靠性与安全性出现了一定的问题，甚至导致企业出现了巨大的经济损失，造成了负面的影响。

### 5. 缺少智能财务管理专业人才

人是企业发展的重要支柱，在智能财务管理的建设中也是一样的，必须要建立一支专业的财务信息化员工团队，不断地改进和优化智能财务管理系统，只有这样才能确保公司的财务信息化能够顺利地完成，达到预期的目的。

然而，目前很多企业的财务管理信息化建设人才严重不足，员工的整体素质普遍偏低，与期望设置的岗位工作的责任需求还有很大的距离，无法胜任智能财务管理建设中的各项工作。出现这一问题的原因主要是企业对员工培训不够重视，没有针对员工的分工制定出一套完整的培训方案，这就造成了员工的个人素质难以提升，难以适应在智能财务管理建设中的各项工作，也就导致企业难以实现智能财务管理建设的目标。

另外，很多企业在人才的发掘和引进方面做得不到位。在智能财务管理建设中，人才的发掘与招募也是十分重要的，专业人才会是企业智能财务管理建设的坚实支柱。企业应制定一个合适的员工招募准则，有效吸引高端人才加入企业，为企业的智能财务管理建设添砖加瓦。

## 三、数字化时代企业智能财务管理建设的途径

### 1. 完善智能财务管理制度

目前，在企业的实际运作中，要想达到智能财务管理建设的目的，就必须要建立一个涵盖整个业务流程的管理体系，这样才能有效地引导各项工作的有序进行，从而使各职能部门和人员的实际职责得以清晰地体现出来，使各个工作都能有章可循，任何问题都能在最短的时间内形成解决的方案和流程，从而提高企业财务管理效率的目标，促进公司的可持续发展。

要想达到这个目的，就需要企业根据自身的情况，积极地借鉴一些成功公司的经验，建立一套与之相适应的智能财务管理体系。在此基础上，对各部门的员工进行培训，确保有关人员明确工作内容和职责，这样问题出现的时候，都能及时处理，有效解决，从而使企业智能财务管理建设的目标得到最大程度的实现。

此外，企业智能财务管理建设的工作是一个综合性和复杂性的工作，要想让一个管理体系具备先进性，企业就必须对其中不合理的部分进行及时的处理，

从而在实际中对财务管理体系进行灵活和适时的调整，确保它本身的先进性和适用性，为开展各种工作打下坚实的基础，促进公司的可持续发展。

## 2. 建立综合性智能财务管理平台

企业应根据自己的现实情况，构建一个健全的财务管理系统，通过数字化技术有效地进行财务工作，切实保障企业的运营管理，减轻员工的工作负担，同时也能够发挥出财务工作的支持作用，为公司创造一个更好的发展环境，促进公司的高质量、高效率发展。

要达到这个目的，就需要利用数字化技术，建立一个功能完备的智能财务管理平台，打通信息孤岛，保证各种信息的快速传递，促进企业的数字化、智能化建设。同时，通过数字化系统，实现财务工作的实时动态分析，了解财务执行过程中存在的问题，并做出相应的对策，从而让财务管理能够真正实现智能化，提升企业财务管理的效率和质量，让信息系统真正整合起来，各个层次、各个部门之间的信息互通与共享，支持企业各项工作的决策和运营。

比如，有一家成立于 1986 年的大型铜材生产企业。目前拥有二十多个全资附属企业，其中浙江，宁波，江苏，广东，重庆均设有分公司，公司内部部门众多，人员数量也很多，目前的全面预算管理、网上报销、资金管理、税务管理等工作过程分散在多个不同的系统中，缺乏各方面的业务过程之间的融合，存在效率低下、风险暴露等问题。因此，这家企业进行企业的财务管理的数字化、智能化转型是必然的。该公司建立的智能财务管理平台，准确地解决了公司在财务工作中存在的问题，实现业财一体和信息共享，建立了一个"一张网、一个平台、一本账"的财务信息系统的基础结构。具体来说，系统的功能包括了网络报账、预算管理、资金管理、税务管理、会计核算等多个不同的财务系统，将税务、费控、资金、预算等各个独立的财务系统连接起来，让所有工作都能够进行集中和统一的处理，从而让公司的管理效率、管理规范化和无纸化程度得到了飞跃，达到了真正意义上的企业智能财务管理。在智能财务管理平台的帮助下，各种信息的收集和汇总都能实现自动化，财务信息和资料经过数字化的处理后，可以让企业生产和运营中产生的所有收入和支出实现可追踪，这对于企业的合规管理来说有非常重要的作用。

## 3. 做好财务管理风险预警

企业进行财务管理和数字技术深度结合的过程中，有一系列的好处，但也存在着一定的风险。只有根据公司的具体情况，对智能财务管理的风险有效地进行管理，才能建立符合企业实际情况的财务信息风险预警和应对体系。

在企业的财务信息化建设中，要对各个环节、各种风险进行系统的识别和评估，建立一份完备的风险列表，并对自己的风险形成特点、影响程度进行分析，制定出相应的对策和办法，切实地把各种风险都控制在萌芽状态，防止各种风险带来的负面影响。同时，应该积极地将传统的风险控制以事后为主的方式转变过来，要把重点放在事前的风险预警、事中控制和事后预防上。在建立适当的预警指数系统的基础上，对各种不同的财务风险进行识别，把各种风险都控制在一个合适的限度之内，给企业的智能财务管理创造一个有利的条件。

### 4. 加强财务信息安全防护

在企业的智能财务管理的建设中，加强对信息的安全防护是一个非常重要的问题，企业要在思想上、行动上予以高度关注，将信息泄露的可能性降到最低。要做到这一点，首先要加强员工的信息安全保护意识，切实地向员工强调网络信息安全的重要作用，把这种信息安全的思想与实际相结合。另一方面，要引入信息安全保护的科技，比如引用智能防火墙、身份验证技术、安全密钥、数字备份技术等一系列的网络信息安全保护技术，降低网络层的危险，确保企业的财务信息管理的安全可靠。

### 5. 培育智能财务管理领域的专业人员

建立一支高素质的复合型财务管理专业团队，是企业在智能财务管理建设过程中的各项工作得以成功进行的基本条件，唯有提高员工的职业素养，才能促进智能财务管理建设的高水平推进，促进企业的稳定健康发展。

要做到这一点，就需要培养高素质的复合型财务信息化人才，这些人才不仅要有较好的理论知识和实际操作能力，而且还要对信息系统有一定的了解和掌握，具体可以从如下方面入手：一是加强员工的培养。对于财务管理者而言，应该加强决策能力、数据挖掘和分析能力等方面的训练，根据个人的短板，制定出合适的培训方案，有效提升财务人员的整体素质，这样才能更好地引导企业的发展。二是要适度地提升人才的准入标准。要按照自己的情况，制定一个统一的员工招募规范，对员工的整体素质进行评估和分析，保证他们的整体素质能够跟自己的职位相适应，这样才能让每项工作都能够规范有序地进行，从而促进企业的智能财务管理系统的建设。

　　智能财务管理系统的建立重塑了企业业务流程和制度，极大地提高了财务管理的效率和质量，促进了企业的长期持续发展。然而，在实际操作中，企业由于受到各种原因的制约，仍然存在着许多困难，致使企业的智能财务管理发展得不够理想，达不到应有的效果。所以，企业应该积极地跟上时代的步伐，运用一套有效的手段和方式，来弥补在财务信息化方面存在的问题，为它创造一个有利的条件，让它在实际工作中得到切实的应用，从而提升企业的财务管理能力。

# 2.3　数字化时代的财务管理新模式

　　随着财务组织的发展逐渐进入高级阶段，企业需要应对更为复杂的运营环境和更为迫切的创新需求。在这种情况下，传统的财务组织可能会面临巨大的压力。因此，企业需要引入柔性财务管理模式来更好地应对这些挑战。

　　在智能时代财务管理的新逻辑中，财务管理需要具备刚性与柔性相结合的特点。传统的财务管理往往过于强调刚性，而智能时代的财务管理需要更多地关注柔性。接下来，我们将深入探讨什么是管理的"刚与柔"，并分析如何构建财务管理的柔性管理模式。

　　柔性财务管理是一种更加灵活、敏捷和适应性更强的财务管理模式。它能够根据市场变化和企业需求快速调整财务管理策略，以实现企业财务目标。构建柔性财务管理模式，一方面需要建立一个具有高度灵活性的财务管理组织结构，以便更好地适应市场变化；另一方面，企业还需要注重培养具备柔性思维和能力的财务人才，以推动财务管理的持续发展。下面就将具体介绍企业财务管理新模式中的"刚"与"柔"，以及数字化时代财务管理新模式的要点。

## 一、财务管理中的"刚性"与"柔性"

### 1. 如何理解"刚性"管理

　　在财务管理中，刚性管理模式注重规范化和标准化，强调组织的层级和职能的划分。这种管理模式的优势在于可以提高劳动生产率和组织效率,确保工作按照规定的流程进行。然而,刚性管理也存在一些问题。首先,过度依赖刚性管理模式可能会使组织变得僵化,无法适应外部环境的变化和市场需求的变化。其次,刚性管理模式可能限制员工的创造力和创新能力,使其变成简单的执行者而不是主动的思考者。

相比之下,柔性管理模式更强调灵活性和变通性。它鼓励员工在工作中展示创造力和创新能力,并允许他们根据具体情况做出灵活的决策。柔性管理模式可以激发员工的积极性和工作动力,提高员工的工作满意度和组织的绩效。然而,柔性管理也需要注意平衡。过度的柔性管理可能导致组织的失控和混乱,无法有效地实现目标和任务。

在财务管理中,刚性与柔性的平衡是至关重要的。企业需要在管理体系中减少刚性带来的影响,鼓励员工在工作中发挥创意和创新能力。同时,企业也要保持一定的规范和标准,确保财务管理的有效性和可追溯性。在财务管理改革过程中,企业可以通过以下几个方面来实现刚性与柔性的平衡:

(1)建立灵活的管理体系。企业可以通过减少层级和流程,强调团队合作和沟通,为员工提供更多主动性和自主权。同时,企业也可以采用适当的绩效评估方式,鼓励员工在工作中展示创造力和创新能力。

(2)建立开放的沟通渠道。企业可以以设立员工建议箱、举办员工座谈会等形式,鼓励员工提出自己的意见和建议。同时,企业也要建立一个良好的反馈机制,及时回应员工的反馈和问题。

(3)提供培训和发展机会。企业可以为员工提供培训课程和学习机会,帮助他们提升技能和知识水平。同时,企业也可以建立员工奖励制度,激励员工在工作中展示创造力和创新能力。

(4)建立有效的信息系统。企业可以通过建立灵活、可定制的信息系统,提高财务管理的灵活性和可变性。这样,企业可以更好地应对不同的市场需求和变化,及时调整和改进财务管理策略。

## 2. 如何理解"柔性"管理

柔性管理是一种强调以人为中心的管理理念,与行为科学体系密切相关。在过去,员工往往被视为简单的"经济人",只注重其经济利益,而忽略了其复杂的需求和动机。然而,通过霍桑实验等行为科学研究,我们意识到员工实际上是有着情感需求、心理需求和发展需求的"社会人"。

这种观点的转变彻底改变了将员工视为机器的管理理念，强调员工的主动性和主观能动性。柔性管理的核心是以人为本，关注员工的情感需求和发展需求。这种管理模式鼓励员工积极参与管理决策，发挥创造力，以实现企业与员工的共同发展。通过给予员工更多的自主权和参与度，柔性管理可以促进员工的工作满意度和工作动力，提高团队合作和组织绩效。

柔性管理还强调适应市场变化和快速调整企业战略的能力。随着市场的不断变化，传统刻板的管理模式往往无法适应快速变化的需求。柔性管理注重员工的灵活性和创新能力，使得企业能够更加敏捷地应对市场的挑战，及时调整和改进产品和服务，提高企业的竞争力和适应能力。

在实际应用中，企业可以根据自身情况适度引入柔性管理。柔性管理并不意味着完全放弃管理和规范，而是在管理中注重员工的需求和发展。通过建立良好的沟通机制、提供培训和发展机会、设立合理的奖励和激励制度等措施，企业可以激发员工的潜力，提高员工的工作满意度和忠诚度。

柔性管理的理念不仅关注于管理模式的转变，更强调了灵活性、弹性和可扩展性等方面，其应用范围广泛，包括战略管理、组织管理、绩效管理、团队管理、流程管理、运营管理等诸多领域。柔性管理的境界如同"上善若水，水善利万物而不争"的内涵，强调在管理过程中，能够适应变化、顺应规律，以实现企业与员工的共同发展。

安应民在《企业柔性管理——获取竞争优势的工具》一书中提到，柔性管理本质上是一种同时应对"稳定与变化"的新战略，它以思维方式的转变（从线性到非线性）为基础，强调管理过程中的变化、反馈、灵活与弹性等特征。柔性管理注重平等与尊重、创造与直觉、主动与创新、远见与价值控制，并依据信息共享、虚拟整合、竞争性合作、差异性互补等原则实现知识从隐性到显性的转换，为企业创造和获取竞争优势。

可以看出，柔性管理是一种更加注重人性、灵活与创新的管理理念。这种管理模式能够帮助企业应对不断变化的市场环境，实现企业的可持续发展。因此，柔性管理已成为现代企业管理的重要趋势，受到越来越多的企业的关注与重视。

## 二、智能财务改革如何实现柔性管理

长期以来，在财务管理领域，人们更倾向于采用刚性思维来处理财务问题。的确，财务工作本身需要严谨、管控和规则化等诸多要求，但是财务人员长期处于各种条条框框的刚性环境中，如各类准则、监管制度以及发票、单证等严谨的工作环境下。这种环境可能会逐渐限制财务人员的创造力和创新能力。

随着智能时代的到来，财务领域正面临自我变革的压力，同时也为财务人员提供了改变的机会。人工智能将协助财务人员完成许多原本需要刚性思维才能完成的工作，如财务审核、会计核算、资金结算等。这将使财务人员有机会提升创造力和柔性管理能力，从而更好地应对不断变化的市场环境，财务人员需要适应这一变革，提升自己的创造力和柔性管理能力，实现个人与企业的共同发展。

### 1. 财务组织柔性架构的实现

传统的财务机构大多采取层次分明的树状架构。在这个架构中，集团财务总监（简称 CFO）位于最高层，其下设有若干专业部门，各部门再细分出相应的科室。在下属的业务单元或子公司层面，同样设有财务部门，与集团的专业部门保持对口对接。继续向下，在分支机构层面，根据机构规模的大小，设置若干财务相关的部门，岗位设置也是向上兼容。这种组织方式具有显著的"刚性"特征。

刚性组织架构的优势在于，能够迅速地完成指令的传达，并在特定专业领域实现高效的上下协同。然而，这种模式的弊端也十分明显，即横向协作困难，且对改革和创新产生了较大的组织阻力。形象地讲，这种架构被称为"烟囱式"的财务组织结构。因此，在这样的组织体系中引入柔性管理将更具价值。具体来说，可以从以下几个方面着手构建柔性的财务组织架构：

（1）组织架构扁平化

在财务领域，通常在一个法人实体中会存在多个管理层级。以链条"CFO-财务各部门总经理 - 部门副总经理 - 科室经理 - 员工"为例，已呈现出五个管理层级。适度扁平化有助于考虑减少一些层级，适当扩大中高层管理范围，进而提高组织运行效率。

实施适度扁平化的管理模式，可以简化管理层级，降低组织复杂性，使决策过程更加高效，从总体上看，扁平化的组织架构还可以促进信息传递与沟通，缩短决策与执行之间的距离，同时降低管理层级间的沟通成本，提高组织整体运转效率。

在实践中，企业可以根据自身实际情况，有针对性地进行扁平化改革。通过调整组织架构、优化人力资源配置、强化中高层管理者培训等手段，实现财务管理的高效运作，为企业发展奠定坚实基础。

（2）增加团队结构的应用

在组织结构中，可以灵活地创建时效性或永久性的团队，这种组合形式能够活化组织关系，有效解决横向和纵向协作难题。团队组合可以是横向整合，也可以是纵向组合，甚至可以是纵横交织的共同组合。在团队中，可以引入多位管理者共同应对问题，使得部门利益在面临重大问题时能够服从整体利益。团队常常与项目紧密结合，项目化团队在柔性管理中具有举足轻重的地位。

通过实施项目化团队，企业可以提高协作效率，降低跨部门沟通成本，以项目为载体，能够更加便利地实现资源和信息的共享。对于企业员工来说，有利于激发员工潜能，培养一专多能的人才，同时可以强化团队凝聚力，促进成员间的相互学习与成长，对企业的长期人才培养具有积极的意义。

在实践中，企业可以巧妙地运用项目化团队，以实现组织目标和成员发展的双重提升。通过优化团队结构、强化项目管理、培养高素质人才等措施，为企业在激烈竞争的市场中赢得优势。

（3）流程组织中融入柔性创新

在财务领域，以流程为导向的组织架构能够推动组织的柔性创新，并利用流程的穿透力打破刚性壁垒。在智能财务管理建设的实践中，财务共享服务中心常常采用流程型组织，但流程型组织的应用范围还可以进一步地扩大。例如，可以将共享服务的流程向端到端延伸，并将经营分析、预算管理、成本管理、税务管理等各类非共享运营流程纳入流程型组织管理。

扩大流程型组织适用范围可以帮助企业进一步提高财务流程的透明度和可控性，促进各业务部门间的协同，提高工作效率。柔性的流程组织还有助于实现财务资源的优化配置，增强对企业经营数据的实时分析和应对能力，最终提升企业的财务管理水平。

### 2. 财务组织文化的柔性体现

（1）团队文化中的柔性体现

在这种文化类型中，组织如同一个大家庭。通过团队文化来激励家庭成员之间相互协作，通过共识和正向能量的传递增强组织凝聚力的纽带，从而发挥出更高效的运营影响。对于服务行业来说，这种文化往往可以在一些关键时刻建立，如在年度交接期或者在项目建设期间，都容易构建团队文化。

团队文化能够提高员工之间的默契度，增强组织的凝聚力和战斗力。在实践中，企业可以根据自身需求和特点，适时推进团队文化的建设。通过组织培训、加强团队沟通、举办团建活动等手段，培养团队成员之间的信任和默契，从而提高团队整体效能。同时，企业还应注重团队文化的传承和发扬，使之成为组织发展的重要基石。

（2）冒险文化中的柔性体现

这是一种注重灵活性和创新性的文化类型，强调创造力的培养以及对外部环境变化的快速响应。它鼓励员工勇于尝试新方法，甚至冒险去完成工作。然而，这种文化并不适用于所有财务领域，如会计核算、报告、税务、资金结算等追求安全性的领域，不能让冒险文化成为主导。

在一些需要突破创新和改革的领域，如创新型财务流程和系统的建立、融资等，员工需要具备一定的创新能力。因此，冒险文化可以作为财务组织文化的有益补充，以激发员工的潜能，提高组织的创新能力和市场竞争力。

在实践中，企业应根据不同领域的特点和需求，灵活运用冒险文化，以实现财务管理的创新和优化。通过培养员工的创新意识、加强团队协作以及营造有利于创新的环境和氛围。

（3）竞争文化中的柔性体现

这种文化鼓励内部竞争，更注重提升效益，超过了对员工满意度的关注，这种文化形态更像商业行为。在财务领域，财务共享服务中心是最容易形成这种文化氛围的地方。适度的市场文化在标准化的财务作业领域能够有效地提高员工的工作效率，但这也是一种刚性，不能过度，否则将在财务共享运营层面造成过于刚性的影响。相反，在非财务共享领域，更需要加强对市场文化的引入，以驱动财务管理人员爆发出更强的战斗力。

在财务组织中引入市场文化，可以激发员工的竞争意识，提高财务管理的效率和效益。然而，过度强调市场文化也可能导致内部竞争激烈，甚至影响到员工士气和工作满意度。因此，企业应根据实际需求，适当地引入市场文化，以实现财务管理的最佳效果。同时，企业还应关注员工的满意和凝聚力，创造和谐的工作环境，激发员工的潜力，为企业创造更大的价值。

### 3. 财务战略管控中的柔性体现

财务战略管控可以从绩效目标管理和全面预算管理两个方面来提升其管理柔性。首先，通过设定绩效目标，使得战略目标更加明确，有助于公司灵活应对市场变化。其次，全面预算管理能够提高预算的灵活性，使公司在预算执行过程中能够根据实际情况进行调整，从而实现资源的有效配置。建立动态的调整机制，可以让企业市场环境变化时能够及时调整战略目标和预算，保证公司的战略管控具有足够的柔性，从而提高公司的竞争力。

（1）柔性的目标管理

传统目标管理模式存在一些局限性。在传统目标管理中，一旦目标设定后，往往长时间内不会进行调整。这种做法可能会导致企业无法及时应对市场和竞争环境的变化，从而影响企业的战略执行效果。传统的企业财务部门往往只关注自身的发展情况，而忽略了市场和竞争对手的变化。这种做法可能会导致企业在激烈的市场竞争中失去竞争优势。忽视非财务目标也是传统目标管理中容易出现的一大问题。这可能会导致企业在追求财务目标的过程中，忽视了员工的成长、客户满意度等其他重要方面。

相比之下，柔性管理思想在目标制定和考核上会兼顾市场和竞争对手的情况，强调目标确立的挑战性和灵活性，要求企业设定具有挑战性的目标，同时根据市场和竞争环境的变化进行调整，体现出了更强的战略敏感性。这样有助于激发企业的潜力，提高市场竞争力。

（2）全面预算管理

传统全面预算管理模式以年度为周期，按照月份将预算平均分配，这种做法往往忽略了业务在不同时间周期内的实际变化特点，导致预算与实际业务发展缺乏紧密关联。此外，由于预算调整不够及时，使得预算与实际情况的偏差逐渐扩大，进一步加大了企业经营风险。

柔性管理模式则强调细化时间颗粒和维度颗粒，充分考虑业务在不同时间周期内的实际特点，实现差异化资源配置。这种模式要求企业向作业预算方向发展，更加注重业务实际，提高预算管理的灵性和适应性。然而，柔性资源配置在实际操作过程中面临成本和效率的约束。

在当前刚性的资源配置模式下，许多公司的预算编制周期较长，沟通成本高昂，这使得企业进一步向柔性管理转变可能带来更多的成本。因此，企业在推进柔性管理过程中，需要在成本和效率方面寻求平衡，逐步实现预算管理模式的优化。同时，企业还需关注预算编制与执行过程中的沟通与协作，确保预算与业务实际紧密结合，提高预算管理的有效性。

### 4. 财务信息系统的柔性体现

对于财务管理而言，打破财务信息系统的刚性束缚，构建柔性财务信息系统至关重要。随着我国信息化发展日新月异，技术更新迅速，管理需求不断变化，许多公司的财务信息化建设是在不断"打补丁"的过程中完成的。这样的建设路径使得这些公司的财务信息系统缺乏规划和柔性，当业务需求发生变化时，调整会很困难，甚至存在大量复杂的后台业务逻辑，使得无人能够清晰评估新需求可能带来的影响，最终导致系统无法改动。因此，企业应重视构建柔性财务信息系统，提高系统适应业务变化的能力，降低管理成本，确保财务管理的有效性。

在财务管理中，财务信息系统的刚性可能会给企业改革的道路带来不小的阻碍。要改变这种局面，需要从两个方面入手，对信息系统进行柔性的改造：

其一，改变信息系统建设的观念和节奏，从"打补丁"的方式转变为规划和架构设计优先，然后再开工建设。有些公司在系统建设前期不舍得投入资金进行规划设计，导致后期返工和维护成本高昂。柔性管理思路下，公司需要在建设前期充分调研需求，研究市场上成熟的产品，必要时请专业人士或咨询公司进行架构和需求设计。

其二，在财务信息系统的架构设计中，应充分考虑产品化思路。有些公司认为业务不复杂，不需要产品化和可配置化，但实际上这可能给自己戴上刚性枷锁，改变起来困难。找到合适的时机，对系统进行全面的再造，可能实现由刚入柔的转变。这种契机通常出现在公司经营业绩良好，能够投入充足预算的时期，结合技术的发展和进步，更容易实现柔性管理。对于初创型公司，如果自身资金不足，可以考虑选择第三方产品或云计算产品，以低成本模式保留自身的柔性。

　　在前面的内容中，我们探讨了管理的"刚性"与"柔性"的问题，并讨论了在智能时代实现柔性管理的五种策略。在智能时代，适度提升企业的柔性管理能力对企业健康发展有益。理想情况下，企业应做到刚柔并济，适当地把握刚与柔的平衡点，以确保企业的稳定运营。做到刚柔并济，使企业在激烈的市场竞争中稳定前行。

# 第3章　数字化时代企业智能财务管理的人员升级

## 3.1　企业智能财务管理的团队搭建

### 一、团队规模与组织结构

团队规模与组织结构是企业智能财务管理团队搭建中的重要考虑因素。在团队组建过程中，需要确定团队的规模和组织结构，以确保团队成员的合理分工和协作效率。

#### 1. 团队规模

团队的规模是根据企业的规模和需求来确定的，这是一个非常关键的考虑因素。对于较小的企业来说，组建一个小型团队可能是更适合的选择。这样的团队通常由几名核心成员组成，包括财务经理和会计师等角色。这样的安排可以确保财务管理工作得到有效的推进和管理，同时也可以更好地满足小企业的财务管理需求。

相比之下，较大的企业可能需要组建一个大型团队来应对更复杂和庞大的财务管理需求。这个大型团队通常由多个角色组成，包括财务经理、会计师、财务分析师、风险管理专员等不同的职位。这样的组建可以确保企业在各个方面的财务管理工作能够得到充分的覆盖和支持。

#### 2. 成员与结构

无论是小型团队还是大型团队，团队成员的选择非常重要。在选取团队成员时，需要考虑到他们的专业能力、经验和团队协作能力。财务经理在团队中起到领导和决策的作用，会计师负责具体的财务数据处理和报表编制，财务分析师负责对财务数据进行分析和预测，风险管理专员负责监控和管理企业的财务风险。合理安排团队成员的角色和职责，可以确保团队工作的高效和协调。

组织结构的设计应考虑到团队成员之间的协作和沟通效率。可以采用扁平化的组织结构，减少层级，提高决策的效率和灵活性。另外，还可以考虑引入跨部门的合作机制，财务管理团队与其他部门协作，以实现信息的共享。

团队组建还需要考虑到成员的角色分工。不同角色的成员在团队中承担不同的职责和任务，以确保财务管理工作的全面覆盖和高效执行。例如，财务经理负责制定财务管理策略和决策，会计师负责日常的账务处理和报表编制，财务分析师负责财务数据的分析和预测等。

此外，团队的组织结构和沟通协作也是团队组建中需要重点考虑的方面。为了确保团队成员之间的顺畅沟通和高效协作，可以采用扁平化的组织结构，减少层级，提高决策的效率和灵活性。此外，团队成员之间的交流和协作也需要重视。团队成员应建立起良好的沟通渠道，定期召开会议，共享信息和经验，并及时解决问题和提出改进意见。

合理的团队组建可以确保财务管理工作的高效进行，促进财务管理的有效实施，为企业的发展提供持续的财务支持和保障。

## 二、团队成员招募与选拔

团队成员招募与选拔是企业智能财务管理团队搭建中至关重要的一环。在招募过程中，需要明确团队成员的需求和角色要求，以确保招募到适合的人才。首先，需要明确团队的核心职能和目标，确定所需的专业背景和技能要求。

### 1.团队成员的选择

在团队成员的招募和选拔过程中，财务专业人员是团队的核心成员之一。这些人员需要具备扎实的财务知识和技能，能够处理和分析财务数据，编制财务报表，制定财务策略等。他们应该对财务法规和会计准则有深入的了解，并具备较强的数据分析和解读能力。

另外，数据分析师也是团队中不可或缺的成员。他们应该具备数据采集、清洗、分析和可视化的能力，能够通过数据分析提供对决策的支持和建议。他们还应该熟悉统计等数据分析方法，能够从大量数据中提取有价值的信息。

随着信息技术的快速发展，团队中的软件开发人员也变得越来越重要。他们应该具备编程和开发技能，能够开发和维护财务管理系统、数据仓库和分析工具等。他们可以为团队制定方案，提高财务管理的效率和准确性。

除了专业技能，团队成员的团队合作能力、沟通能力和创新思维也非常重要。团队合作能力是指成员能够协调合作、相互支持，并共同努力实现团队的目标。沟通能力是指成员能够清晰表达观点、有效传递信息，并倾听和理解他人的意见和需求。而创新思维则是指成员具备开放的思维方式，能够提出新颖的想法和解决问题的方法。

围绕这些要求，企业可以通过不同的渠道来招募潜在的候选人。内部推荐可以发掘内部人才的潜力和利用内部资源，招聘网站可以吸引来自不同背景和领域的候选人，校园招聘可以吸引年轻人才和新鲜血液加入团队。在选拔过程中，可以采取面试、笔试、案例分析等多种方式来评估候选人的能力和适应性。同时，候选人的软技能也需要被充分考虑和评估。

通过综合评估和比较，团队可以选择最适合的成员加入，以确保团队的整体素质和协作效率。团队成员的招募和选拔是团队搭建的基础，只有招募到合适的人才，才能为企业智能财务管理的实施奠定坚实的基础。拥有专业素养和良好的团队协作能力的团队成员，能够有效地开展财务管理工作，为企业的发展做出积极贡献。

## 2. 团队的职责分配

在企业智能财务管理的团队搭建中，团队角色的分配和职责的明确是确保团队高效运作的关键。团队角色的分配应该根据团队成员的专业背景、技能和经验来确定，以确保团队的多元化和协同性。在团队角色与职责分配中，需要考虑以下几个方面：

（1）领导者：领导者在团队中起到指导和决策的作用，负责制定团队的整体目标和战略方向。他们需要具备良好的领导能力和沟通能力，能够激励团队成员的积极性和创造力。

（2）项目经理：项目经理负责项目的规划、执行和监控，协调团队成员的工作，确保项目按时、按质完成。他们需要具备项目管理的知识和技能，能够有效地分配资源和解决问题。

（3）技术专家：技术专家负责团队的技术支持和解决技术问题，他们需要具备深入的技术知识和经验，能够为团队提供专业的技术指导和支持。

（4）数据分析师：数据分析师负责对企业财务数据进行分析和解读，提供决策支持和业务洞察。他们需要具备数据分析和统计的能力，能够从大量的数据中提取有价值的信息。

（5）财务专家角色：财务专家负责企业财务管理和财务报告，他们需要具备财务知识和经验，能够进行财务分析和预测，为企业的财务决策提供支持。

（6）项目成员角色：项目成员是团队中的执行者，负责完成具体的任务和工作。他们需要具备良好的执行能力和团队合作精神，能够按时、按质完成任务。

合理的团队角色与职责分配可以充分发挥团队成员的优势和专长，提高团队的工作效率和质量。同时，团队角色与职责分配也需要灵活调整，根据项目的需求和团队成员的发展，进行适时的调整和优化。

## 3. 团队培训与能力提升

在企业智能财务管理的团队搭建中，团队培训与能力提升是一个至关重要的环节。企业需要对团队成员的培训需求进行分析，并制订相应的培训计划。

首先，企业需要对团队成员的现有能力进行评估，了解他们在财务管理领域的知识和技能水平。然后，根据评估结果，确定团队成员需要提升的能力和知识点。接下来，制订培训计划，包括培训内容、培训方式和培训时间等方面的安排。培训内容可以包括财务管理的基础知识、财务软件的使用技巧、财务分析方法等。培训方式可以选择线上培训、面对面培训或者混合培训等形式，以满足不同团队成员的学习需求。培训时间可以根据团队成员的工作安排和学习进度进行合理安排，确保培训效果的最大化。团队培训与能力提升可以提高团队成员在企业智能财务管理方面的专业素养和能力水平，为企业的财务管理工作提供更加有力的支持。

企业可以通过内部培训、外部培训机构、在线学习平台等途径获取培训资源。内部培训可以利用公司内部专家或高级员工的知识和经验，进行内部培训课程的设计和开展。外部培训机构可以提供专业的培训课程和讲师，帮助团队成员提升技能。在线学习平台则提供了丰富的在线课程资源，可以根据团队成员的需求进行选择和学习。

在实施的过程中，企业需要考虑如何整合这些培训资源。可以通过制订培训计划和课程表，将不同的培训资源有机地结合起来。例如，可以安排内部培训课程和外部培训课程相互补充，形成一个完整的培训体系。同时，还可以利用在线学习平台提供的资源，让团队成员根据自己的时间和需求进行自主学习。此外，还可以考虑与其他部门或企业进行合作，共享培训资源。例如，可以与其他公司或行业协会合作，共同举办培训活动或交流会议，以扩大培训资源的范围和影响力。通过与其他团队或企业的合作，获得更多的培训资源和经验分享，提升团队的整体能力。

# 三、团队的协作与决策机制

## 1. 团队沟通渠道的确定

团队沟通与协作是企业智能财务管理团队搭建中至关重要的一环。在团队沟通与协作方面，选择合适的沟通渠道和工具是非常关键的。沟通渠道可以包括面对面会议、电话会议、电子邮件、即时通信工具等。不同的沟通渠道适用于不同的情况和需求，面对面会议可以提供更直接、实时的沟通效果，电话会议可以解决远程团队的沟通问题，电子邮件可以记录沟通内容并方便查阅，即时通信工具可以实现实时交流和快速反馈。

在选择沟通工具时，需要考虑团队成员的技术能力和习惯，以及工具的易用性和功能性。常见的沟通工具包括微信、QQ、钉钉、Slack 等。这些工具都具有即时通信的功能，可以方便团队成员之间的交流和协作。此外，还可以考虑使用项目管理工具，如 Trello 等，这些工具可以帮助团队成员进行任务分配、进度跟踪和协同工作。

在团队沟通与协作中，除了选择合适的沟通渠道和工具外，还需要建立良好的沟通氛围和协作机制。团队成员之间应该保持开放、透明的沟通方式，鼓励大家积极表达意见和想法，及时解决问题和冲突。同时，建立有效的协作机制，明确任务分工和责任，确保团队成员之间的协同工作顺利进行。

有效的团队沟通与协作，可以提高团队的工作效率和质量，促进团队成员之间的合作和共同成长。在企业智能财务管理团队搭建中，团队沟通与协作是实现目标的重要保障，需要给予足够的重视和关注。

## 2. 团队沟通流程的建立

在团队中，沟通规范与流程的建立是确保团队成员之间有效沟通和协作的基础。沟通规范的建立可以包括明确沟通渠道和方式，例如团队会议、邮件、即时通信工具等，以及沟通的时间和频率。此外，还需要明确沟通的目的和内容，确保信息传递的准确性和完整性。

流程建立是指在团队沟通中制定一套明确的流程和步骤，以确保沟通的高效性和顺畅性。这包括确定沟通的发起人和接收人，明确沟通的时间节点和截止日期，以及沟通的反馈和跟进机制。同时，还需要建立沟通的记录和归档机制，以便后续查阅和追溯。

明确地建立沟通规范和流程，团队成员可以更好地理解和遵守沟通的要求，减少沟通误解和冲突的发生。同时，团队成员之间的协作也能更加高效和有序，提高工作效率和质量。团队沟通与协作的良好建立，对于企业智能财务管理团队的顺利运作和成果的实现具有重要意义。

## 3. 团队决策机制的确定

在团队协作中，成员之间需要建立良好的沟通渠道和合作关系，以便有效地共享信息、交流想法和解决问题。团队成员应该积极参与讨论和决策过程，共同制定目标，并确保每个人都能理解和承担自己的责任。此外，团队协作还需要注重协调和整合各个成员的工作，确保各项任务能够有序进行。

在决策机制方面，团队需要建立一套科学有效的决策流程和机制。具体来说，需要包括明确决策的责任人和决策的参与者，确定决策的时间节点和决策的方式。团队成员应该充分了解决策的背景和目标，收集和分析相关的信息和数据，进行全面的讨论和评估，最终做出明智的决策。决策机制还应该注重透明度和公正性，确保每个成员都有平等的发言权和决策权，避免个人偏见和利益冲突对决策的影响。

团队协作与决策机制的良好运行对于企业智能财务管理团队的成功至关重要。只有通过有效的团队协作和科学的决策机制，团队成员才能充分发挥各自的优势，共同解决问题，实现团队的目标。因此，团队成员应该不断加强沟通和协作能力的培养，同时不断完善决策机制，提高决策的质量和效率。

# 四、团队绩效评估与激励机制

## 1.绩效评估指标的确定

为了确保团队的高效运作和成果的实现，就要确定和制定适当的绩效评估指标。绩效评估指标的确定与制定需要考虑到企业智能财务管理的特点和目标，以及团队成员的角色和职责。

企业可以考虑将团队的目标与绩效评估指标相结合，确保评估指标能够直接反映团队的工作成果和贡献。比如，可以考虑将绩效评估指标分为定量指标和定性指标，以全面评估团队成员的绩效。定量指标可以包括完成任务的数量和质量、工作效率等方面，而定性指标可以包括团队合作能力、创新能力、问题解决能力等方面。此外，还可以考虑将绩效评估指标分为个人指标和团队指标，以便更好地评估个人和团队的绩效。

在制定绩效评估指标时，企业需要考虑到指标的可衡量性和可操作性，确保评估过程的公正性和客观性。绩效评估指标的确定与制定是团队绩效评估与激励机制的基础，只有通过科学合理的指标，才能更好地评估团队成员的绩效，并为其提供相应的激励措施，进一步激发团队的工作动力和创造力。

## 2.绩效评估的方法选择

在企业智能财务管理团队中，绩效评估方法的选择和周期的安排直接关系到团队成员的工作动力和激励效果。

绩效评估方法应该具有客观性和公正性。团队成员的工作表现应该以实际的数据和指标为依据，而不是主观的评价。可以通过设定关键绩效指标（KPI）来衡量团队成员的工作表现，如完成任务的质量和效率、达成目标的进展等。同时，还可以采用360度评估的方式，让团队成员相互评价，以获取更全面的反馈。

绩效评估周期的安排也需要考虑到团队的实际情况和工作节奏。一般来说，可以将绩效评估周期设置为季度或半年一次，这样可以更好地跟踪和评估团队成员的工作表现。评估周期的安排应该合理，既能给予团队成员足够的时间展示自己的能力和贡献，又能及时发现和解决问题，提高团队整体的绩效。

绩效评估方法和周期的安排还应该与激励机制相结合。通过设立奖励机制，如绩效奖金、晋升机会等方式，激励团队成员积极工作，提高工作效率和质量。同时，也要设立相应的惩罚机制，以防止团队成员的不良行为和低效工作等问题的发生。

### 3. 激励机制的设计与实施

激励机制的设计与实施是团队绩效评估的重要组成部分，它对于企业智能财务管理团队的发展和壮大起着至关重要的作用。在设计激励机制时，首先需要明确团队的目标和任务，以及每个成员的职责和贡献。其次，需要根据团队成员的不同角色和职位，制定相应的激励政策，包括薪酬激励、晋升机制、培训和发展机会等。同时，还需要考虑激励机制的公平性和可操作性，确保每个成员都能够公平地获得激励，并且能够通过自身的努力和表现来实现个人的成长和发展。在实施激励机制时，需要建立有效的绩效评估体系，对团队成员的工作表现进行定期评估和反馈，及时发现问题并进行改进。同时，还需要建立激励机制的监督和管理机制，确保激励政策的有效执行和落地。设计和实施有效的激励机制，可以激发团队成员的积极性和创造力，提高团队的整体绩效，进一步推动企业智能财务管理的发展。

## 3.2　数字化时代的 CFO 能力要求

对于那些怀揣着成为 CFO 梦想的财务人员来说，他们关心的问题莫过于：应当如何积累知识才能实现这一目标。然而，许多人在年轻的时候并没有想清楚这个问题，导致他们在关键时刻与机会擦肩而过，或者虽然上任，但却无法达到预期的效果。为了回答这个问题，我们不妨通过构建一个智能时代 CFO 的基础能力框架，来探讨在智能时代成为 CFO 所需的知识储备。这个框架充分考虑智能时代财务管理职能的拓展，以帮助财务人员更好地应对未来挑战。

### 一、CFO 的基础能力框架

#### 1. 战略能力与业务能力

CFO 作为企业的财务领袖，需要具备广泛的知识储备。然而，在这些知识中，最重要的并非专业知识，而是对公司战略和业务的理解以及把控。这种能力决定了 CFO 是否能够真正成为一个经营团队的合格管理者，而不仅仅是一个财务工作者。CFO 的核心技能包括以下五个方面：

（1）战略解读能力。CFO 需要能够深入理解公司的战略方向，并将其转化为可操作的财务策略。他们应该能够分析公司的战略目标，理解其背后的关键驱动因素，并为实施战略提供财务支持和建议。

（2）财务与战略配合能力。CFO 应该在公司的战略制定过程中发挥重要作用，确保财务策略与公司战略的一致性和协调性。他们需要参与战略决策，评估其财务风险和潜在回报，并提供财务建议以支持战略的顺利实施。

（3）公司资源及计划的管理能力。作为 CFO，他们应该参与公司资源的分配和计划制订，确保资源的高效利用。这包括财务资源、人力资源以及其他关键资源的管理，以支持公司的长期发展和实现业务目标。

（4）财务资源配置管理能力。CFO 需要具备合理配置财务资源的能力，以支持公司业务的顺利推进。他们需要对业务需求进行准确评估，理解各个业务单元的需求，并根据优先级合理分配财务资源，确保其最大化地发挥作用。

（5）与业务部门的沟通能力。CFO 需要与公司内各个业务部门保持良好的沟通和协作，确保财务政策的有效执行。他们应该能够有效传达财务策略和目标，理解业务单元的需求和挑战，并与其合作，共同寻找解决方案，实现公司的整体目标。

CFO 需要具备广泛的知识储备，但更重要的是对公司战略和业务的理解以及把控。这些核心技能使 CFO 能够更好地担任起经营团队的管理者角色，为企业创造价值。

### 2. 财会控制机制

CFO 在企业中担任着至关重要的角色，其中之一便是建立完善的财务、内部控制和内部审计体系，以确保企业的会计风险得到有效控制。这些体系犹如企业的免疫系统，能够抵御各种风险，确保企业健康稳定地发展。当然，也有一些公司选择由首席风险官来负责这部分职能。

CFO 在财会控制方面的核心技能包括以下几点：

（1）财务及会计制度管理能力，即制定和维护公司的财务和会计制度，确保公司的财务活动合规、准确；

（2）内部控制能力，即设计并实施有效的内部控制体系，防范公司的财务风险；

（3）内部审计与稽核能力，即定期进行内部审计和稽核，确保公司的财务报表真实、可靠。

这些核心技能使 CFO 能够确保企业的财务风险可控，为企业的健康、稳定发展提供保障。同时，CFO 还需要与首席风险官紧密合作，共同维护企业的风险防线，确保企业在复杂多变的市场环境中稳步前行。

### 3. 价值管理能力

价值管理是 CFO 的必备高阶技能，它要求 CFO 从多个方面主动管理，旨在提升公司的价值，满足公司股东的投资回报诉求。价值管理涉及到企业的方方面面，需要 CFO 具备全面的战略眼光和管理能力。

CFO 在价值管理方面的核心技能包括以下几点：

（1）产权管理，即对公司产权进行有效管理，确保产权的合法性和安全性；

（2）营运资金管理，即对公司的营运资金进行合理分配和有效管理；

（3）现金流量管理，即对公司现金流量进行精细管理，确保公司的财务状况健康稳定；

（4）经济附加值管理，即通过提高公司的经济附加值，实现股东价值的最大化；

（5）新业务价值管理，即对新业务进行有效管理，确保新业务能够为企业创造价值；

（6）并购价值管理，即在并购过程中，对目标公司的价值进行准确评估和有效管理。

这些核心技能使 CFO 能够更好地管理公司的价值，提升公司的竞争力，满足股东的投资回报诉求。

### 4. 经营分析与绩效管理能力

经营分析与绩效管理是 CFO 在公司经营管理方面的核心价值，优秀的 CFO 犹如公司持续前进的一个重要的推动器。通过设定合理的 KPI（关键绩效指标）体系、持续的考核跟踪、深入的经营与数字探究，CFO 能够给公司的发展注入强大的活力。

具体来说，CFO 在经营分析和绩效管理能力方面的核心技能包括：

（1）KPI 体系搭建能力，即根据公司业务特点和发展战略，建立合适的 KPI 体系，以衡量公司的绩效；

（2）经营分析报告的能力，即定期撰写经营分析报告，为公司决策提供有价值的参考；

（3）绩效考核制度搭建及奖惩执行能力，即制定有效的绩效考核制度，并确保奖惩措施得到有效执行；

（4）投入产出管理能力，即对公司各项投入产出进行有效管理，以提高公司的效益；

（5）市场对标管理能力，即通过对标行业领先企业，发现自身差距并改进；

（6）重大关键项目管理能力，即对公司的重大关键项目进行有效管理，确保项目的顺利完成。

这些核心技能使 CFO 能够更好地发挥其在公司经营管理方面的价值，推动公司持续前进。

### 5. 预算与资源配置管理

"凡事预则立，不预则废"，这句古语道出了预见和规划的重要性。在企业中，全面预算管理便是 CFO 用以配合企业战略落地的重要手段。全面预算管理涉及到企业的各个方面，不仅仅是财务领域，但 CFO 承担的牵头职能是不可或缺的。

CFO 在预算与资源配置管理方面的核心技能主要有如下几点：

（1）经营计划管理能力，即根据企业战略，制订并管理经营计划；

（2）预算编制管理能力，即组织编制企业的全面预算，确保预算的科学性和可行性；

（3）预算执行与控制管理能力，即对预算的执行进行监控，确保预算的有效执行；

（4）预算分析能力，即对预算执行情况进行分析，发现问题并提出改进措施；

（5）预算组织管理能力，即组织企业各部门共同参与预算的编制和执行；

（6）预算流程管理，即优化预算管理的流程，提高预算管理的效率；

（7）预算系统管理，即对企业预算系统进行有效的管理，以支持企业的预算管理。

## 二、CFO 的专业财务能力

### 1. 会计报告管理能力

对于 CFO 来说，会计与报告管理如同日常工作中的"必修课"。尽管可以请会计专业人士和会计师事务所来代劳，但 CFO 必须了解会计知识。这是因为，只有具备会计基础，才能更好地理解和把握企业的财务状况，从而为企业的战略决策提供有力支持。

CFO 在会计方面的专业技能主要包括如下几项：

（1）会计交易处理以及相关流程管理能力，即对企业的会计交易进行有效处理和管理；

（2）往来管理与关联交易管理能力，即对企业与其他单位之间的往来款项和关联交易进行有效管理；

（3）会计报表编制与合并管理能力，即对企业会计报表进行编制和合并管理；

（4）会计信息系统（如后算系统、合并系统等）管理能力，即对企业会计信息系统进行有效管理；

（5）信息披露管理能力，即对企业信息进行及时、准确的披露；

（6）审计流程管理能力，即对企业审计工作进行有效管理的能力。

### 2. 税务管理能力

税务管理如同一条无形的线，贯穿于 CFO 的所有工作之中。无论身处何地，CFO 都需要面对税务管理的挑战。在我国，税务管理更具独特性，需要 CFO 将其视为一项既严肃又充满艺术性的工作来对待。

CFO 在税务管理方面的核心技能包括：

（1）税务政策研究能力，即对税务政策进行深入研究，了解其对企业的影响；

（2）税务关系管理能力，即与税务部门保持良好的沟通，确保企业的税务工作得到顺利开展；

（3）税务检查配合与风险防范能力，即在税务检查时积极配合，并提前防范税务风险；

（4）税务数据管理能力，即对企业的税务数据进行有效管理，确保数据的准确性和完整性；

（5）税务系统管理能力，即对企业税务系统进行有效管理，以提高税务管理的效率；

（6）营改增及电子发票／特定时期的特殊事项，即在特定时期，如营改增、电子发票等，能够妥善应对相关税务问题。

### 3. 资金管理专业能力

资金管理如同 CFO 工作中的"心脏"，它的健康与否直接关系到企业的生存与发展。从专业领域来看，资金管理是财务专业的一个重要组成部分，具有一定的技术性。对于没有从事过这个领域的 CFO 来说，掌握这部分专业知识确实具有一定的难度。

CFO 在资金管理方面的核心技能包括：资金收付管理能力、资金计划管理能力、债券融资管理能力、混合融资管理能力、股权融资管理能力、外汇管理能力、银行关系管理能力、资金系统管理能力、流动性管理能力以及投资管理能力等。

这些核心技能使 CFO 能够更好地进行资金管理，为企业的发展提供有力支持。同时，CFO 还需要具备良好的沟通能力和团队协作精神，以便与其他部门共同完成企业的资金管理工作。

### 4. 合规管理能力

合规管理如同企业的"护身符"，尤其在监管行业中，其重要性不言而喻。银监会、保监会、人民银行以及证监会的监管政策如同企业航行的"灯塔"，CFO 需要精准把握，以确保企业在合规的轨道上稳健前行。

CFO 的核心技能包括以下几点：

（1）监管政策研究能力，即对监管政策进行深入研究，了解其对企业的影响；

（2）监管沟通及检查应对能力，即与监管机构保持良好的沟通，并在检查时积极配合；

（3）监管信息报送能力，即及时、准确地报送企业的监管信息；

（4）违规风险管理及违规后危机管理能力，即对企业可能出现的违规风险进行有效管理，并在违规发生后进行危机管理。

### 5. 管理会计的专业能力

在当今时代，管理会计已经成为各大 CFO 所面临的重要课题。随着国内管理会计建设热潮的涌起，CFO 们必须掌握管理会计的知识和技能，以便更好地为企业发展保驾护航。

管理会计的核心技能包括如下几点：维度体系搭建能力、收入分成管理能力、成本分析能力、多维度盈利分析能力、作业成本管理能力、资金转移定价管理能力、风险成本和资本成本管理能力。

在数字化时代，CFO 需要顺应时代发展，积极进行财务会计管理的转型。这些核心技能使 CFO 能够更好地进行管理会计工作，为企业创造更大的价值。同时，CFO 还需要具备良好的沟通能力和团队协作精神，以便与其他部门共同应对企业的发展挑战。

### 6. 成本管理能力

成本管理如同企业的"节流阀"，对于每个企业来说都具有重要意义。对于 CFO 而言，实现成本控制与降低成本是企业可持续发展的重要手段。CFO 在成本管理方面的核心技能包括如下几项：成本战略体系设计能力、基于价值链的全成本管理能力、费用的前置管控能力、成本文化建设能力以及最佳成本实践的形成和推广能力。

这些核心技能使 CFO 能够更好地进行成本管理，为企业的发展提供有力支持。同时，CFO 还需要具备良好的沟通能力和团队协作精神，以便与其他部门共同完成企业的成本管理工作。在实际操作中，CFO 还需关注市场动态，随时调整成本管理策略，以应对不断变化的市场环境。

## 三、CFO 的业务财务基础能力

### 1. 产品财务管理能力

在企业的运营中，产品财务管理如同"导航仪"，指引着企业产品发展的方向。CFO 需要基于产品财务队伍，加强对产品全生命周期的财务管理，以确保企业产品的顺利发展。

CFO 在产品财务管理方面的核心技能主要包括：产品规划及投资财务管理能力、产品研发财务管理能力、产品周转管理能力、产品质量成本管理能力等。

这些核心技能使 CFO 能够更好地进行产品财务管理，为企业的发展提供有力支持。同时，在实际操作中，CFO 还需关注市场动态，随时调整产品财务管理策略，以应对不断变化的市场环境。

### 2. 营销财务管理能力

CFO 需要对企业的各个方面进行全面的财务管理，其中包括营销过程。为了确保营销活动的顺利进行，CFO 需要通过深入的财务分析，对合同、客户信用、销售费用等进行有效管理。

CFO 在营销财务管理方面的核心技能包括：商务合同财务管理、营销费用管理、客户信用及风险管理、竞争对手财务及经营信息管理等等。这些核心技能使 CFO 能够更好地对企业的营销过程进行财务管理，为企业的发展提供有力支持。

### 3. 供应链财务管理能力

在企业的运营过程中，供应链财务人员如同"链条上的齿轮"，他们负责与企业经营中供应链相关的业务财务支持工作，为企业各个环节的顺利运转提供保障。CFO 需要借助供应链财务的力量，实现对采购、生产、配送等相关业务环节的财务管理，确保企业的稳健发展。

CFO 在供应链财务管理方面的核心技能包括：采购财务管理、生产财务管理、库存控制管理、配送物流财务管理以及分销财务管理等方面。这些核心技能使 CFO 能够更好地进行供应链财务管理，为企业的发展提供有力支持。

### 4. 项目财务管理能力

在企业的运营中，CFO 需要关注业务财务的多个维度，其中包括以价值链划分的业务财务以及项目维度。项目财务作为一种独特的业务财务视角，与产品、销售、供应链财务形成矩阵式协同，共同推动企业的发展。

CFO 在项目财务管理方面的核心技能包括：研发项目财务管理、市场推动项目财务管理、售前/销售项目财务管理、工程项目财务管理、实施交付项目财务管理以及管理支持项目财务管理等等。

这些核心技能使 CFO 能够更好地进行项目财务管理，为企业的发展提供有力支持。同时，CFO 还需要具备良好的沟通能力和团队协作精神，以便与其他部门共同完成企业的项目财务管理任务。在实际操作中，CFO 还需关注市场动态，随时调整项目财务管理策略，以应对不断变化的市场环境。

### 5. 海外财务管理能力

对于那些寻求在海外市场发展的企业来说，CFO的角色变得尤为重要。他们需要深入理解和掌握海外财务管理工作，尤其是对于那些新进入的国家，海外财务的支持能力显得至关重要。

CFO在海外财务管理方面的核心技能包括：国家财税政策管理，即对目标国家的财税政策进行深入研究和理解，以便在业务拓展过程中做出正确的决策；海外机构综合财务管理，即对海外机构的财务进行全面的综合管理，包括预算编制、成本控制、财务分析等。

这两项核心技能将为CFO对海外市场的开拓提供有力的支持，确保企业在海外市场的稳健发展。在实际操作中，CFO还需关注市场动态，随时调整海外财务管理策略，以应对不断变化的市场环境。

### 6. 业务财务一体化管理能力

在企业运营中，CFO需要始终关注业务财务一体化的问题。业务财务一体化是指将企业的业务和财务工作进行紧密结合，实现高效的协同运作。通过加强业务财务一体化的管理，CFO可以提升企业业务与财务的一致性水平，从而提高企业的整体运营效率。

CFO实现业务财务一体化的核心技能包括：业务财务一体化的制度及流程管理和业务财务一体化系统管理等。CFO需要利用信息技术手段，建立业务与财务一体化的信息系统。提升业务与财务的一致性水平，为企业的发展提供有力支持。

## 3.3 数字化时代的财务管理人员职业规划

随着数字化时代的到来，社会生活的方方面面都发生了深刻的变化，财务行业也不例外。在这个变革的时代，财务人员也面临着职业生涯的全新挑战和抉择。他们需要适应新的环境，调整自己的职业规划，以适应智能时代对财务人员的新要求。

在这个数字化的时代，财务人员面临的冲击是全方位的，无论你是高级管理人员、财务经营分析人员、预算管理人员还是会计运营人员，都需要面对认知的升级，适应新的工作模式。这种改变引发了财务人员对职业发展的担忧，甚至有人担心人工智能是否会取代他们的职业。

面对数字化时代的挑战，财务人员有三种选择：不变、远离或拥抱。选择本身没有对错，但无论选择哪种方式，都需要给自己找到适应新环境的新择业标准，这将从某种意义上改变他们的职业生涯。

不管身处何地，财务人员都需要不断地学习和提升自己的能力，适应不断变化的工作环境。终身服务于一家企业已经不再是现实，财务人员的择业将伴随着更加困难的抉择。在这个变革的时代，财务人员需要思考的是如何适应新的环境，如何提升自己的能力，如何在智能时代找到自己的位置。这不仅需要个人的努力，也需要整个行业的变革和教育体系的更新。只有这样，财务人员才能在智能时代找到自己的价值和位置，实现自己的职业发展。

# 一、数字化时代背景下财务人员的职业抉择

在智能时代的大潮中，财务人员站在人生的十字路口，面对着三种不同的选择。

## 1. "拥抱"数字化时代

第一种选择是"拥抱"，在数字化时代的浪潮下，人们面临着前所未有的挑战和机遇。对于这些挑战，财务人员可以选择"拥抱"，这是一种积极应对的态度。积极的人们并不害怕变革，而是愿意主动迎接变革，成为变革的推动者和倡导者。

积极应对挑战的人们深刻意识到智能时代带来的挑战是前所未有的。随着人工智能、物联网和大数据等技术的迅猛发展，传统产业和就业形势面临着巨大的冲击。然而，有些人并没有因此感到恐惧或绝望，相反，他们意识到了变革带来的机遇和创新的潜力。

这些积极应对挑战的人们愿意成为变革的主导者和生力军。他们相信，只有通过积极参与和推动变革，才能更好地适应和引领智能时代的发展。他们投身于学习新技能和掌握新知识，以应对智能时代所需的专业能力。同时，他们还积极参与创新实践和创业活动，充分发挥自己的才华和创造力。

选择"拥抱"数字化时代的财务管理人员相信，只有在变革中才能找到自

己的价值和位置。他们认为，变革并不是摧毁旧有的价值，而是创造新的机会和价值。在智能时代，人们需要个性化、智能化的产品和服务，这为有创意和创新能力的人们提供了广阔的发展空间。通过勇于迎接挑战，积极创造，他们在变革中找到了自己的价值和位置，进而助推了自己的事业发展。

### 2. "远离"数字化时代

第二种选择是"远离"，并非所有人都愿意勇敢地迎接这场变革，有些人选择远离数字化时代带来的风险，寻求自己的避风港。这种"远离"态度可以被视为一种避险心态，这部分人认识到自己在数字化时代浪潮的裹挟下可能会力不从心，因此选择避免直接面对变革的风险。

一方面，选择远离数字化时代的财务管理人员意识到自己可能无法紧跟变革的步伐。他们感到对新技术和新思维的学习曲线较陡峭，或者他们的个人兴趣和能力并不适合智能时代所需的专业领域。在面对这些困境时，他们更倾向于远离变革，避免冒险尝试。

另一方面，选择远离变革的财务管理人员更希望找到一个安全的位置，静待变革的尘埃落定。他们不追求在变革中抢占先机，而是更注重保持现有的稳定和舒适。他们可能会选择继续从事传统领域的财务工作，避免涉足新兴领域的不确定性和风险。他们认为在变革的尘埃落定后，可能会有更明智和稳定的选择。

然而，选择远离变革并不意味着这部分人缺乏智能时代所需的适应能力。相反，他们可能会将自己的精力和时间投入到其他方面，每个人都有自己的选择和生活方式，关键在于找到适合自己的道路，实现个人的幸福和成就。

### 3. 维持"不变"的现状

第三种选择是"不变"，面对数字化时代的迅速发展，并非所有人都能迅速做出明确的选择。有一部分人选择以静制动的态度，他们暂时选择观望，以便在变革中找到自己的定位。这种"不变"的选择并非消极无为，而是希望以审慎的方式适应智能时代带来的变革。

选择观望的财务人员可能感到面对变革时缺乏足够的信息和判断依据，因此选择观望以等待更明确的信号出现。他们希望通过观察和分析来更好地了解变革的趋势和潜在机遇，以便做出更明智的决策。

选择观望并不意味着拒绝变革或逃避责任。观望者也会尽早做出适合自己的关于"拥抱还是远离"的判断。他们明白在智能时代，变革的速度极快，错过良机可能会导致被淘汰。因此，他们会时刻保持对变革的敏感，并制订相应的行动计划，以便在适当的时机做出决策。

需要强调的是，无论选择哪种方式，都需要有一个明确的方向和目标。在观望的过程中，他们仍然会为自己设定一定的目标，并努力提升自己的能力和适应变革的能力。他们可以选择不断学习和充实自己，以便在变革中找到自己的归宿。

## 二、影响财务人员职业抉择的主要因素

### 1. 公司和行业的影响

财务人员需要正视人工智能对他们所在行业和公司的影响。在这个时代，社会变革日新月异，有些行业和公司如日中天，有的则日渐式微。财务人员的职业发展紧密相连于公司的发展，因此，他们在评判是否应拥抱或远离人工智能时，首要任务就是预测公司未来的走向。为了找到在智能时代崛起的公司特点，财务人员可以阅读一些热门书籍，如吴军的《智能时代》、李彦宏的《智能革命》和李开复的《人工智能》。

### 2. 竞争环境改变带来的影响

人工智能将对竞争环境产生深远影响。对于某些公司来说，智能时代的到来可能使内部的竞争环境变得更加宽松，员工们会将焦点放在如何协作以及积极拓展市场上。在这些公司中，每个员工都能感受到自己的价值，此时，财务人员可以考虑采取"拥抱"的策略。然而，在其他公司，智能时代可能带来强大的压力，迫使公司通过压缩成本和加强内部竞争来求生。在这种情况下，如果财务人员无法忍受竞争环境，他们可以选择"远离"的策略。

### 3. 财务人员的个人能力

个人能力与数字化时代的要求是否契合也是影响选择的因素。在一家富有竞争力的公司中取得成功，需要对自己的现有能力和学习潜力进行评估，明确自己是否能应对更全面的技能要求。那些能够适应的财务人员可以选择"拥抱"数字化时代，否则，他们可以选择"远离"，避免自己在日渐激烈的竞争中居于劣势的地位。

### 4. 对风险与挑战的偏好

个人对人工智能风险和挑战的喜好也将影响他们的选择。智能时代的财务抉择具有更多不确定性，技术的不确定性导致商业模式的不确定性，进而引发企业和行业的不确定性，这也意味着存在一定的风险。在面对风险和挑战的时代，财务人员是选择"拥抱"还是"远离"，很大程度上取决于他们对风险和挑战的喜好。喜好风险和挑战并非一定是一件好事，就像投资决策中的风险厌恶程度，这只是个人喜好，无关对错。

在综合考虑以上几个因素后，财务人员或许能对在智能时代的"拥抱"或"远离"做出明智的判断和选择。

对于选择"拥抱"的财务人员，他们需要找到一个平衡点，在充分利用人工智能技术的同时，发挥自己的专业优势。他们可以关注行业内的创新举措，了解先进科技如何应用于财务管理，从而提高工作效率。此外，他们还应不断提升自己的综合素质，学会在与人工智能协作的过程中，发挥人类独有的创造力、沟通能力和领导力等。在这个模型中，财务人员将在智能时代的浪潮中不断成长，成为企业不可或缺的核心力量。

而对于选择"远离"的财务人员，他们或许在规避一些潜在的风险，如人工智能对岗位的替代效应。财务人员需要重新审视自己的职业规划，寻找一个适合自己的发展方向。他们可以关注传统行业或新兴产业，在这些领域中，人工智能的影响相对较小，财务人员依然可以发挥自己的专业优势。此外，他们还可以考虑提升自己的跨学科能力，例如学习数据分析、信息技术等，以便在未来的职场中更具竞争力。

总之，财务人员在智能时代的择业抉择并无绝对的对错，关键在于他们能否根据自身情况，找到一个合适的模型来实现职业发展。对于那些勇敢"拥抱"人工智能的财务人员，他们将在科技的助力下，迈向新的职业高峰；而对于那些选择"远离"的财务人员，他们也将在其他领域找到属于自己的舞台。最重要的是，在这个充满挑战和机遇的时代，财务人员需要不断地学习、成长，为自己创造一个美好的职业未来。

## 三、数字化时代适合财务人员的择业模型

在智能时代，财务人员面临着职业生涯中的一次重要抉择："拥抱"还是"远

离"人工智能？这个选择并无绝对的对错，关键在于做出决定后，他们能否找到一个合适的策略来规划自己的职业发展。因此，在这里，我将为大家详细解析财务人员在智能时代择业的"拥抱"模型和"远离"模型。

### 1. 模型中的评估维度

（1）平台维度

平台，指的是企业所处的行业环境、业务模式以及技术应用水平等综合因素。在评估智能化转型的可行性时，我们要区分企业对象是大型企业集团、中型公司还是创业公司，因为不同规模的企业在智能化技术的应用和推广方面，所面临的挑战和可能性是有所不同的。

大型企业集团拥有丰富的资源和规模优势，这使得它们在创造和应用智能化技术方面具有更大的可能性。大型企业可以投入大量资金进行技术研发和人才培养，以推动企业智能化转型。同时，它们也可以利用自身丰富的业务场景，为智能化技术的应用提供广阔舞台。此外，大型企业往往具有较强的战略眼光，能够从长远利益出发，进行更为谨慎的投资决策，从而为智能化技术的发展提供持续支持。

相比之下，中型公司和创业公司在智能化转型过程中可能会面临更多的挑战。这些企业往往资源有限，资金压力较大，因此在智能化技术的研发和应用上需要更为谨慎。同时，它们在业务场景上相对单一，这可能会限制智能化技术的推广和应用。然而，这些挑战并不意味着中型公司和创业公司无法实现智能化转型。它们可以借助外部力量，如与行业内的合作伙伴共同研发技术，或引进市场上的成熟解决方案。同时，这些企业也可以通过创新业务模式，实现智能化技术的有效应用。

（2）技术维度

大数据、人工智能、云计算等技术的发展给企业带来了巨大的机遇和挑战。在这个维度下，我们需要评估一家公司在这些技术方面是否具备显著的技术优势。

具备强大技术实力的公司通常可以分为两类。一类是利用大数据、人工智能、云计算等技术来推动自身主业发展的大公司。这些公司通过应用这些技术，可以更好地理解和满足客户需求，实现更高效的决策和运营。他们可能通过数据分析，挖掘出市场趋势和商机，从而提供更贴近客户需求的产品和服务。另一类是以大数据、人工智能、云计算等技术为核心竞争力的小型公司或创业公司。这些公司可能会通过自主研发创新的技术，提供颠覆性的解决方案，打破传统行业的局限，拓展新的市场。

技术实力强大的公司通常具有更强的市场竞争力。通过应用大数据、人工智能、云计算等技术，企业可以实现更高效的决策、更精确的预测以及更智能化的运营。这些技术能力使得企业能够更好地满足客户需求，提供个性化的产品和服务，从而在激烈的市场竞争中脱颖而出。技术实力强大的企业还能够更好地应对市场变化，抓住机遇，实现可持续的发展。

（3）行业维度

在数字化时代，一个行业能否从智能革命的浪潮中获得业务发展的技术红利，直接决定了该行业是否具备积极拥抱智能化技术的动力。具备技术红利的行业通常会积极主动地应用智能化技术，以期在市场竞争中取得优势。

判断一个行业是否具备技术红利，需要关注其所处的市场环境。一个行业的市场规模、增长速度以及市场竞争力等因素，都会影响到该行业是否能够充分利用智能化技术带来的机遇。例如，在数字经济和物联网技术不断推进的背景下，与智能化技术密切相关的行业，如智能家居、智能交通等，具有较大的市场潜力和发展空间，从而更有可能获得技术红利。

关注业务模式的创新和变革也是判断行业是否具备技术红利的重要因素。一个具备创新能力的行业往往能够更好地适应市场变化，抓住技术革命的机遇。通过运用智能化技术，行业可以重新设计和优化其业务流程，提高效率和降低成本，改善用户体验。例如，电商行业通过智能化技术的应用，实现了供应链的数字化管理和智能化的客户服务，进一步推动了行业的发展。

此外，技术创新能力也是衡量行业是否具备技术红利的重要指标。一个拥有核心技术创新能力的行业能够在智能化时代占据先机，实现业务的持续发展。行业内的技术创新和研发投入能够为企业带来技术壁垒和竞争优势。例如，在智能制造领域，具备先进的工业互联网和人工智能技术的制造业企业能够实现生产过程的智能化和自动化，提高生产效率和质量，从而在市场上获得竞争优势。

总之，判断一个行业是否具备技术红利需要综合考虑其市场环境、业务模式和技术创新能力等方面的因素。具备技术红利的行业通常会积极拥抱智能化技术，以期在市场竞争中取得优势。然而，实现技术红利并非易事，行业需要持续关注技术发展趋势，及时调整自身发展策略，不断推动创新和转型，以适应数字化时代的挑战和机遇。

（4）财务交易规模维度

财务交易规模所代表的是公司的财务活动的规模和复杂度，而庞大的财务数据量则提供了充足的数据支持和分析空间。

财务交易规模是衡量公司财务活动规模和复杂度的重要指标。随着公司业务的扩张和发展，财务交易的规模也会相应增大。这包括日常的账务处理、采购和销售交易、资金流动和投资等。财务交易规模的增大使得财务数据量不断增加，给智能化技术的应用提供了更多的数据信息和挖掘机会。

庞大的财务数据量也是智能化技术发挥威力的基础。随着财务交易规模的扩大，财务数据的积累也越来越丰富。这些数据包括公司的财务报表、会计账簿、交易记录等。庞大的财务数据量为智能化技术提供了足够的数据样本和信息，使得智能化技术能够更加精准地剖析和分析这些复杂的数据，提供有价值的财务决策支持。

因此，财务交易规模和财务数据量的庞大性对于智能化技术的应用至关重要。只有当财务交易规模达到一定程度，财务数据量充沛时，智能化技术才能发挥出最大的威力。通过智能化技术的应用，财务人员可以更加高效地处理庞大的财务数据，提高数据分析和决策的准确性和效率。同时，智能化技术还能够自动化和优化财务流程，减少人为错误和重复工作，提高财务管理的水平和效果。

（5）待遇维度

薪酬即给予员工的回报。在职业选择的过程中，薪酬无疑是一个至关重要的议题。我们将薪酬划分为高、中、低三个层次，以探究不同待遇对员工最低容忍度的影响。

在职场中，薪酬如同一把标尺，衡量着工作的价值。面对种种机遇与挑战，人们常会权衡自己的最低容忍度，以决定是"拥抱"还是"远离"某个岗位。而这个最低容忍度，很大程度上取决于薪酬待遇。

当薪酬待遇达到某个标准时，人们往往会倾向于接纳工作中的挑战，勇敢地"拥抱"职业发展。而当薪酬待遇低于预期时，即使没有面临困境，人们也可能选择"远离"职场，寻求更符合自己期望的岗位。

因此，在探讨职业选择时，薪酬待遇成为不可或缺的一环。只有了解和把握不同待遇水平下的最低容忍度，我们才能更好地分析职场机遇，为员工提供更加合适的职业发展路径。

（6）发展维度

对于职场人而言，在选择工作时，需关注眼前这份工作对未来职业发展的影响。倘若它能助力自己顺利迈入理想的公司或平台，并与个人职业规划相契合，那么这份工作便是择业模型的加分项，值得把握。反之，如果眼前的岗位与职业规划背道而驰，它将成为扣分项，提醒我们重新审视自己的职业选择。

在漫漫职场路中，我们需要明确自己的目标，细化职业规划，从而找到那把开启理想之门的钥匙。一份符合职业规划的工作如同指路明灯，引导我们走向成功的道路。而在这个过程中，我们要学会审视眼前的工作，判断它是否能为我们未来的职业生涯添砖加瓦。

因此，在择业模型中，考虑工作岗位对未来发展的影响至关重要。只有当眼前的工作与职业规划相互契合，我们才能在职场中游刃有余，找到那份属于自己的理想工作。

## 2."拥抱"与选择

在"拥抱"模型下，财务人员如何在这些维度上做出明智选择呢？首先，在平台选择上，大型企业集团能为财务人员提供更多实践智能化技术的机遇。其次，在技术实力方面，选择具有优势的公司，让财务人员得以在低成本条件下开展智能应用实践，并尽早实现财务智能化。此外，智能化技术与平台优势相互协同，进一步拓宽财务应用范围。

良好的创新氛围对于财务人员至关重要。在这个时代，大数据技术是智能化发展的基石。选择"拥抱"智能，或许需要付出一定代价。然而，在收获成长和待遇方面，财务人员应权衡利弊。即使短期内待遇偏低，也要关注综合收益，相信在未来的职业发展中，长期利益远超短期利益。

## 3."远离"与选择

在"远离"模型下，财务人员在面临这些维度时，又该如何做出明智的选择呢？

在平台选择上，财务人员应关注避免智能化技术带来的职业风险。因此，中小型公司可能是个不错的选择，因为这些公司往往不会轻易采用昂贵的智能化技术。然而，也要警惕那些以智能化技术为主业的中小型公司或创业公司，这些公司可能会将员工视为智能实验的对象。

在行业方面,财务人员需避免进入那些在"拥抱"模型下被列为优选的公司,如金融、零售等行业。相反,选择传统行业可能相对安全一些。

在财务交易规模上,财务人员应倾向于选择规模较小的公司。这些公司的领导层更倾向于通过人力解决问题,而非依赖机器替代。在待遇方面,财务人员应积极寻求中等以上收入的职位。如果职位收入较低,或许可以考虑放弃。

在职业发展上,财务人员可以选择那些小而全的公司。这些公司往往具有较好的发展潜力,有望迅速成长并成功上市。

总之,在"远离"模型下,财务人员需谨慎选择平台、行业、财务交易规模、待遇和职业发展等方面,以确保自身职业安全与稳定发展。

# 第4章 数字化时代的企业智能财务管理技术

## 4.1 大数据技术在企业智能财务管理中的应用

在财务管理领域，大数据有着广泛的应用，它可以为企业提供更准确、更全面的数据分析和决策支持。通过收集和分析大量的金融数据，财务人员可以更准确地预测企业的未来财务状况，并及时识别和应对潜在的风险。

传统的财务分析往往依赖于手工处理数据，耗时且容易出错。而大数据技术的应用可以大大提高财务数据的处理速度和准确性，从而节省时间和资源。财务人员可以利用大数据分析工具快速地生成各种财务报表和分析报告，为企业的决策提供科学依据。

大数据还可以帮助财务部门进行成本控制和效率提升。通过对企业内部各项财务数据的全面分析，财务人员可以定位和解决成本浪费的问题，并提出相应的改进措施。例如，通过分析大数据，财务人员可以发现某个部门的成本过高，然后采取相应的措施来降低成本，提高企业的效益。

总之，大数据在财务领域的应用已经成为势不可挡的趋势。财务人员应该加强对大数据的学习和研究，更深入地理解和应用大数据技术，以提升财务工作的效率和质量，为企业的发展提供有力的支持。同时，相关部门也应积极推进大数据技术在财务领域的应用和发展，为企业提供更好的财务服务和支持。

下面，我将从大数据的含义、特征、财务对大数据理解的误区、实现大数据应用的条件基础以及大数据在财务领域的应用这五个方面，来探讨财务管理与大数据的关系。

# 一、大数据的含义

在数字世界中，大数据被视为一股无法被常规软件工具捕捉、管理和处理的海量、高速增长和多样化的信息潮流。然而，仅仅阐述这一理论概念并无实际意义。笔者更倾向于《大数据时代》一书中的观点，作者在该书中提出了大数据思维上的"更多""更杂"和"更好"三个理念。下面我分别对这三个理念进行解读：

## 1. 大数据思维中的"更多"

在过去，由于计算机处理能力的限制，我们通常只能对部分数据进行选择性处理，并通过样本推断总体状况。这种方法在统计学上是被接受的，并且能够提供一定程度上的信息可靠性。然而，在大数据时代，我们有了更多的可能性和机会直接对整体数据进行分析，而不再依赖于样本的推断。

大数据的特点之一就是全体数据，即不再局限于小样本。这意味着我们可以从大量数据中获取更多的信息和洞察力。通过对全体数据的分析，我们可以更全面地了解数据的分布、趋势和关联性，从而更准确地进行预测和决策。

与传统的统计推断相比，直接对全体数据进行分析的优势是显而易见的。全体数据能够提供更准确的结果。由于样本的选择性可能导致抽样偏差，样本分析的结果不一定能够准确代表总体。而对全体数据进行分析可以避免这种偏差，得出更准确的结论。分析全体数据可以得到更详细和全面的信息。样本数据只能提供部分信息，而全体数据包含了所有的数据点，能够展现出更细致的细节和更全面的信息。这种全面性使得我们能够更深入地挖掘数据背后的规律和潜在价值。通过对全体数据的分析，我们可以发现更多的关联和趋势，甚至发现之前未被发现的规律。这种发现可能会改变我们对问题的认识和解决方案的选择，带来新的创新和发展。

## 2. 大数据思维中的"更杂"

在大数据时代，我们强调的"更杂"并不是指数据的精确性，而是数据的混杂性。精确性主要针对结构化数据，而非结构化数据则具有不规则、不完整和无预定义数据模型的特点，很难用数据库二维表来表示，包括各种格式的办公文档、图片等。在财务领域中，原始凭证的数据类型也存在多样性，不能简单地进行归类，而是要根据是否能用结构规则来表达来判断。

举个例子来说，增值税发票的每个栏目都有固定含义，可以转换为二维数据，因此可以归类为结构化数据。而合同大多是非结构化数据，其中的内容可能因为格式不同、结构不规则而难以提取和处理。事实上，相比于结构化数据，非结构化数据在所有数据中所占比例更大，因此如果无法处理非结构化数据，就无法真正实现大数据的"大"。

处理非结构化数据是大数据分析中的一项重要任务。因为非结构化数据的特点，使得数据的提取、转换和分析变得更具挑战性。然而，非结构化数据也蕴藏着丰富的信息和价值，对于财务领域来说，它可以帮助企业更好地理解市场动态、消费者需求以及竞争对手的情况等。因此，有效处理和利用非结构化数据对于财务部门来说变得愈发重要。

为了处理非结构化数据，我们可以借助自然语言处理、图像识别、文本挖掘等技术，将数据转化为结构化的形式，以便更好地进行分析和应用。同时，还可以利用机器学习和人工智能等技术，提高非结构化数据的处理效率和准确性。

综上所述，大数据时代的数据不仅仅局限于精确性，更注重数据的混杂性。非结构化数据的处理对于实现大数据的价值至关重要。

### 3. 大数据思维中的"更好"

在大数据时代，我们追求的是数据之间的相关关系，而不仅仅局限于因果关系。大数据的目标是找出数据之间的相关性，建立模型和发现规律，这样我们能够更好地理解数据背后的秘密。

传统的因果关系主要是通过实验或者观察来确定的，需要严格控制变量和进行统计分析。然而，在大数据的世界中，我们不再仅仅追求因果关系，而是更加注重数据之间的关联性。大数据分析可以帮助我们发现数据之间的相关趋势和模式，从而揭示出数据背后的规律。

通过对大数据的分析，我们可以发现数据之间的相关关系，即当一个变量发生变化时，另一个变量也可能会发生相应的变化。这种相关关系并不一定表示因果关系，但它可以帮助我们进行预测和决策。例如，通过分析用户购买记录和行为数据，我们可以发现某些购买行为与特定产品的销量增加有关，虽然我们无法准确确定购买行为是导致销量增加的原因，但我们可以利用这种相关关系来预测销量，并制定相应的销售策略。

在大数据分析中，我们可以利用相关关系来建立模型，通过数据之间的关联性来进行预测和推断。例如，通过分析市场数据和经济指标的相关关系，我们可以建立经济预测模型，预测未来的市场走势和经济变化趋势。这种基于相关关系的预测和推断可以为企业和政府提供重要的决策依据。

大数据分析关注的是数据之间的相关关系而不仅仅局限于因果关系。通过发现数据之间的相关性，我们能够更好地理解数据背后的规律和趋势，并进行预测和决策。然而，需要注意的是，相关关系并不一定具有因果关系，我们需要谨慎对待相关和因果的概念，在利用大数据进行决策和预测时保持理性和客观。

综上所述，大数据的"更多""更杂"和"更好"三个理念，为我们揭示了这一技术背后的强大潜力。它既是一种信息资产，也是一种全新的思维方式，引领着我们走向一个全新的数字时代。

## 二、大数据的特征

### 1. 巨大的数据体量

在这个信息爆炸的时代，大数据以其独特的魅力引领着科技发展的潮流。其最鲜明的特征就是数据量庞大，相较于一般关系型数据库处理的 TB 级数据，大数据处理的数据量更是达到了 PB 级以上。随着信息化技术的迅猛发展，数据如雨后春笋般迅速增长。那么，究竟是什么原因导致了数据规模的急剧扩大呢？

随着互联网的普及，大数据的发展得到了极大的推动。互联网的普及使得越来越多的人、企业和机构开始使用网络，并能够轻松地获取和分享各种有价值的信息。通过网络，人们可以获取到来自世界各地的数据，这为大数据的积累提供了基础。人们可以通过社交媒体、电子商务平台、在线论坛等途径收集和整合数据，从而获得更丰富的信息，为大数据的分析和应用提供了更广阔的资源。

除了互联网的发展，各类传感器数据获取能力的提升也为大数据的发展做出了重要贡献。随着技术的进步，现代传感器能够更加真实地获取事物的各种参数、状态和行为数据。这些传感器广泛应用于各个领域，如气象、环境监测、物流、交通等，不断产生大量的数据。例如，智能手机上的各种传感器（如陀螺仪、加速度计、GPS 等）可以收集用户行为和位置数据，为个性化推荐和定位服务提供支持。传感器数据的增加使得数据量呈现出爆炸式增长，也为大数据的分析和利用提供了丰富的资源。

另外，数据来源的多样化也进一步推动了大数据的增长。除了传统的网络数据，社交网络（如微博、微信等）、移动设备、车载设备等都成为数据的重要来源。人们在社交网络上分享各种生活信息，移动设备记录了人们的行为轨迹，车载设备收集了交通状况和车辆行驶数据等。这些无处不在的数据来源使得大数据拥有了更为广阔的发展空间。数据来源的多样化不仅为大数据提供了更多的样本和维度，也为不同行业和领域的数据应用提供了更多的可能性。

在这个庞大的数据海洋中，大数据技术帮助我们挖掘出隐藏在数字背后的宝贵信息，为各个领域的发展提供了新的契机。无论是企业管理、医疗健康、教育科研，还是智慧城市、智能制造等领域，大数据都发挥着至关重要的作用。正是这一股数据浪潮，引领着我们迈向一个更加智能、便捷的未来。

## 2. 更多的数据类型

在大数据的世界里，数据的多样性成为其显著特征之一。它所处理的计算机数据类型早已超越了单一的文本形式或结构化数据库中的表格，涵盖了订单、日志、微博、音频、视频等各种结构复杂的数据。

以我们以最常见的 Word 文档为例，一个简单的 Word 文档可能只有几行文字，但也可能包含了图片、音乐等多媒体元素，使得文档更具感染力。这类数据被称为非结构化数据，它们难以用传统的表格形式进行规整。

与此同时，另一类数据——结构化数据，可以简单理解为表格里的数据，它们有着固定的结构，每一条数据都有着相同的格式。然而，与传统的结构化数据相比，大数据环境下存储在数据库中的结构化数据仅占约 20%，而互联网上的数据，如用户创造的数据、社交网络中人与人交互的数据、物联网中的物理感知数据等动态变化的非结构化数据约占 80%。

数据类型繁多、复杂多变，这正是大数据的重要特性。在大数据的海洋中，我们需要学会驾驭这艘巨轮，从中挖掘出有价值的信息，为我们的生活和工作带来更多的便利和创新。

### 3. 数据价值密度低

有价值的数据如同金子般珍贵，然而它们往往隐藏在大量无关的各种类型的数据之中。大数据的价值就在于能够从这些繁杂的数据中挖掘出对未来趋势与模式预测分析有用的信息。数据价值密度低，这是大数据关注的非结构化数据的重要属性。

为了获取事物的全部细节，大数据没有对事物进行抽象、归类的处理，而是直接采用原始的数据，保留了数据的原貌。这使得人们能够获得更多的信息，但也带来了大量的无效信息和错误信息。因此，大数据中信息的筛选与提炼显得尤为重要。比如，在连续不断监控的过程中，大量的视频数据被存储下来，其中许多数据可能是无意义的。

然而，大数据的价值密度并非绝对，它取决于特定的应用。有效信息相对于数据是稀少的，但信息的有效性是相对的。一些信息可能对某些应用来说是无效的，而对其他一些应用来说则是关键的信息。数据的价值也是相对的。大数据的价值，并非在于其数据量庞大，而在于我们能够从中挖掘出有价值的信息。面对大数据的挑战，我们需要学会筛选、提炼和应用这些有价值的信息，以实现数据的价值最大化。

### 4. 更快的处理速度

在大数据的世界里，数据的处理速度成为了关键性的要素。它要求数据处理的实时性极高，支持交互式、准实时的数据分析。与传统数据仓库、商业智能等应用相比，大数据时代的数据价值随着时间的流逝而逐步降低，因此大数据对处理数据的响应速度有着更为严格的要求。

实时分析而非批量分析，数据输入处理与丢弃要立刻见效，几乎无延迟。在这个数据爆炸式增长的时代，新数据不断涌现，数据处理的速度必须相应提升，才能使大量的数据得到有效利用。否则，不断激增的数据不但不能为解决问题带来优势，反而可能成为快速解决问题的负担。

数据的增长速度和处理速度是大数据高速性的重要体现。为了应对这一挑战，我们需要不断优化数据处理技术，提高数据处理速度，以实现大数据的价值最大化。在这个过程中，创新技术和方法将发挥关键作用，帮助我们在数据海洋中快速找到有价值的信息，从而更好地服务于我们的生活和工作。

### 5. 更智能的数据采集

大数据的搜集过程如同一场科技盛宴。它通过敏锐的传感器、智能的条码、高效的射频识别（Radio Frequency Identification，简称 RFID）、精准的全球定位系统（Global Positioning System，简称 GPS）以及实用的地理信息系统（Geographic Information System，简称 GIS）等技术，捕获着世界各地的信息。这些智能信息捕捉技术使得大数据的采集过程更加智能化，与传统的人工搜集数据相比，它更快、更全面、更真实。

这些智能采集技术如同无数双智慧的眼睛，实时监测着世界的每一个角落，将海量信息快速捕捉并传递给人们。这种高效的信息传递方式不仅使得数据的完整性得到保障，真实性得到提升，更使得人们能够及时有效地对信息进行处理和分析。这一切，都将直接影响着整个系统运作的效率。

## 三、避免财务管理中对大数据的错误认知

随着大数据时代的来临，财务管理领域也迎来了前所未有的变革。大量的数据、新的技术和先进的分析工具，使得财务管理变得更加智能化、精准化和高效化。然而，一旦我们对大数据的理解出现偏差，就可能导致错误的决策，给企业带来严重的风险。因此，为了避免在财务管理中出现对大数据的错误认知，帮助企业更好地利用大数据的优势，实现财务管理的升级转型，下面就财务管理中对大数据的错误认知进行归纳总结，以期为企业提供有益的参考。

### 1. 混淆了传统财务管理与大数据的区别

在财务管理领域，一些财务人员接触到大数据概念后，并没有意识到大数据与传统财务分析之间的本质差异。

大数据的核心在于海量、多样性和实时性，它所带来的变革是颠覆性的。而传统的财务分析主要基于有限的结构化数据，侧重于因果关系的探究。如果简单地将传统财务分析强行定义为大数据，无疑是对大数据概念的曲解。这种"概念炒作型"的认知误区，容易导致企业在财务管理领域的决策失误，甚至引发不必要的风险。

当然，也有一些企业为了迎合潮流，过度炒作大数据的概念。他们或许认为，只要将大数据的标签贴在传统财务分析上，就能提升工作的价值和地位，这种

做法无疑也是大错特错。在这场大数据的浪潮中，我们需要保持清醒的头脑，深入理解大数据的本质特征。只有这样，才能真正发挥大数据在财务管理领域的优势，为企业带来真正的价值。

### 2. 把大数据等同于技术工具

在大数据时代，许多企业开始寻求转型升级，以应对市场的挑战。然而，对于大数据的认知不足，使得一些企业的财务人员对实现大数据价值产生了误解。他们认为，大数据的价值实现仅仅依赖于技术，以为只要引入了 Hadoop 等大数据技术架构，将原有的财务数据和业务处理进行技术迁移，就能实现大数据的价值。

然而，这种认知是片面的。Hadoop 等大数据技术架构仅仅是工具，它们可以帮助财务人员在找到大数据的应用场景后，更好地实现这些场景，而不是创造场景。大数据的价值在于挖掘出有用的信息，为企业决策提供依据，提高企业的竞争力。因此，实现大数据的价值，关键在于找到适合企业的大数据应用场景，并利用技术手段将其实现。

财务人员在实现大数据价值的过程中，需要从战略高度审视大数据的重要性，并加强对大数据技术的理解和应用能力。只有这样，才能在实际工作中充分发挥大数据的价值，为企业带来真正的收益。因此，我们需要重新审视大数据在财务管理领域的应用，避免陷入过度依赖技术的误区，从而实现大数据价值的最大化。

### 3. 对数据范围的认知有局限性

一些企业的财务人员对大数据的认知存在局限性，他们仅仅认为充分利用现有的数据，如会计核算数据、预算数据、经营分析数据和管理会计数据，就可以实现大数据的价值。然而，这种观点忽略了大数据的广泛应用和非结构化数据的巨大价值。

要充分发挥大数据的优势，实现企业的竞争优势，财务人员应意识到大数据的数据基础对于实现价值的重要性。这不仅包括企业内部的数据，还包括企业外部的社会化数据。财务人员需要通过更广泛的数据基础来进行财务数据的应用，提高自身的数据处理能力，加强对非结构化数据的利用，并探索新的财务数据应用场景。

与传统的财务数据相比，大数据提供了更全面、更丰富的数据基础，包括社交媒体数据、用户行为数据、市场数据等。财务人员应当积极探索和利用这些非结构化数据，以获得更多的信息和洞察力。例如，通过分析社交媒体上的用户评论和反馈，财务人员可以了解消费者对公司产品的看法和需求，为产品改进和市场营销提供参考。此外，通过对市场数据的分析，财务人员可以发现新的商机和市场趋势，从而提供战略决策的支持。

## 四、财务管理中应用大数据技术的现实基础

### 1. 技术基础

尽管我们不断强调大数据的价值并非仅在于技术，但我们也不能否认，技术在其中起着关键作用。Hadoop 作为大数据生态系统的基础，其地位已经确立，然而市场上依然存在着众多 Hadoop 的竞争者，同时也有许多新的产品不断涌现。

在这个科技日新月异的时代，大数据技术的选择与应用成为企业成功的关键。Hadoop 的竞争者们纷纷涌现，为大数据领域带来了更多的选择和活力。这些竞争者往往拥有各自独特的优势和特点，使得大数据技术在市场上的竞争愈发激烈。

对于企业而言，在选择大数据技术时，需要充分了解各种技术的特点和优势，以便找到最适合自身需求的技术方案。同时，企业还需关注大数据技术的发展趋势，以便在技术变革中保持竞争力，不断探索大数据技术的应用，为企业创造更大的价值。

### 2. 人力基础

随着大数据技术的不断发展，企业在应用大数据时不仅仅需要依赖技术，更需要有足够的人力支持。一方面，随着数据分析的需求不断增加，高水平的数据分析师成为企业争相争夺的稀缺资源。企业可以通过鼓励现有的财务分析人员提升转型，开展专业培训和学习计划，提升其大数据处理能力。此外，企业还可以有针对性地进行人才招募，吸引具备数据分析能力的专业人才加入，为企业的大数据应用提供支持。

另一方面，大数据时代对基础数据处理的要求也越来越高。为了满足日常数据管理的需求，企业可以考虑建立数据工厂，通过集中管理和处理数据来提高效率。数据工厂可以将分散的数据资源整合起来，通过数据清洗、整理和存

储等环节，为企业提供高质量的数据支持。此外，企业还可以利用财务共享服务模式的数据中心，将数据管理的任务外包给专业的服务机构，从而有效解决基础数据处理的人力需求。

企业需要适应新的发展需求，培养和引进具有大数据处理能力的人才，以提升企业的竞争力。为了确保大数据应用的有效性，企业还需建立高效的数据管理机制，确保数据的准确性和及时性。这需要企业不断优化人力资源的配置，提升员工的专业素养，培养数据分析师等专业人才。同时，企业还需要加强内外部协作，促进不同部门之间的信息共享和合作，搭建起一个良好的信息流通平台，以便快速获取、整合和分析大数据，为企业决策提供有力支持。

在大数据时代，企业的成功不仅仅依赖于技术的发展，更需要人力的支持。通过培养和引进具备大数据处理能力的人才，建立高效的数据管理机制，企业可以在竞争激烈的市场中脱颖而出，实现持续的发展和增长。因此，企业应将人力资源作为重要的战略资产，积极投入到大数据应用中，为企业的发展注入新的动力。

## 五、财务管理中的大数据应用场景

### 1. 风险管控

大数据在风险管控方面的应用具有较高的价值，相较于传统风险管理模式，大数据具有以下特点：

首先，大数据能够通过分析非结构化数据，发现一些风险事件的潜在特征，为风险管理提供有效支持。在风险发现应用场景中，大数据不需要告诉我们哪里一定存在问题，只需要提示哪里可能存在问题，这样企业就能有针对性地进行风险防范。

其次，大数据技术在财务风险事项分级方面也具有广泛的应用。无论是报销单据还是信用评价，只要需要进行风险分级，都可以考虑使用大数据技术。企业可以根据风险级别采取不同的应对策略，实现高风险事项的严格控制和低风险事项的低成本应对。

大数据技术为企业提供了丰富的数据来源和强大的分析能力，使得企业能够更加精准地识别和防范风险。企业应充分利用大数据技术，提高风险管理的效率和效果，确保企业健康稳定地发展。

### 2. 财务预算与资源配置

在企业预算管理过程中，预测和资源配置是两个关键环节。大数据技术恰好可以在这两个方面发挥其优势，为企业带来传统预算管理无法比拟的价值。

一方面，大数据技术能够提高预测能力。传统财务预测主要依赖于结构化数据和预测模型，而大数据技术可以将非结构化数据纳入预测范围，如市场上的新闻、事件和评论等。此外，大数据技术还可以使预测模型中的假设发生意想不到的变化，从而提高预测的准确性。

另一方面，大数据技术有助于提升资源配置能力。在传统预算编制过程中，财务人员往往受业务部门的影响进行资源分配。而大数据技术使财务人员具备了更精确的判断能力。例如，财务人员可以基于大数据分析相关产品的市场热点、竞争对手的动态等情况与业务部门进行沟通，从而在产品研发和市场投放等方面做出更明智的决策。

### 3. 经营决策

在经营分析过程中，大数据扮演着举足轻重的角色。传统的经营分析方法往往面临数据量不足、依赖结构化数据和关注因果关系等问题。而大数据技术则有助于提高经营分析的决策支持能力，使企业在设定目标和解读目标达成情况时更具客观性和准确性。

大数据技术能够将整个社会和商业环境转化为企业的竞争分析基础，帮助企业更好地了解自身情况，更加客观地看清行业情况和竞争态势。在这种情况下，目标的设定将更为客观、合理。同时，大数据技术还能找到更多传统财务思维无法解读的目标结果相关动因，并针对这些新发现的动因提供有效的管理建议。

# 4.2 人工智能技术在企业智能财务管理中的应用

## 一、人工智能的基础概念

在深入了解人工智能在财务管理中的应用之前，我们需要先理清楚一些基本概念和关系，如机器学习与人工智能的关系，监督学习和无监督学习的区别等。只有对这些概念和关系有了清晰的认识后，才能进一步理解为何人工智能能在财务管理领域发挥作用，并为企业创造价值。

## 1. 机器学习与人工智能

在探讨人工智能领域时，我们需要关注一个关键概念——机器学习。这是因为目前，机器学习是人工智能的一个重要分支。理解机器学习的概念，有助于我们进一步了解人工智能的诸多应用场景，避免出现理解偏差。

机器学习这个概念最早由科学家亚瑟·塞缪尔在 1952 年提出，他将机器学习定义为"可以提供计算机能力而无须显示编程的研究领域"。虽然这一定义较为拗口，但它揭示了机器学习的本质：通过让计算机从数据中学习，实现智能处理问题的能力。

为了更好地理解机器学习，我们可以将其简单地描述为一种让计算机自主学习的方法。这种方法使得计算机能够从数据中发现规律，并根据这些规律进行预测和决策。在人工智能领域，机器学习技术被广泛应用于自然语言处理、图像识别、推荐系统等多个场景。

下面通过一个具体的例子来说明这个过程。例如，我们要判断一张发票是否为增值税发票的抵扣联。首先，我们将发票信息输入计算机，这些信息包括"发票编号""发票联次""发票开具日期""发票金额"等。这些信息对于计算机来说就是输入数据，也就是特征。然后，计算机根据这些特征进行处理，判断这张发票是否为增值税发票的抵扣联。在这个过程中，我们需要给计算机一个标签，即"是"或"否"。如果计算机判断这张发票是增值税发票的抵扣联，那么标签就是"是"；如果不是，那么标签就是"否"。接下来，计算机根据已有的算法来判断这张发票是否为抵扣联。例如，我们可以设定一个算法：具备"增值税"和"抵扣联"这两个特征的发票，其标签为"是"。这样，计算机就可以根据这个算法来判断发票是否为抵扣联。

机器学习的核心目标是通过优化算法，机器能够从海量历史数据中自动发掘规律并用于预测。以增值税发票为例，初始算法认为只有同时具备"增值税"和"抵扣联"两个特征的发票才被认为是合格的。然而，通过学习大量数据，机器逐渐发现第三个特征——"绿颜色"也与是否为增值税发票及抵扣联有关联。于是，算法得到了优化，现在认为同时具备"增值税""抵扣联"和"绿颜色"三个特征的发票才是合格的。这样一来,机器预测准确性得到了提高,更好地实现了自动化决策。

通过这个例子,我们可以看到,在财务管理中,机器学习技术可以帮助计算机从财务数据中提取关键特征,并根据已有的算法进行分类和判断,从而实现对财务数据的有效管理。

与机器学习不同,人工智能是一个宽泛的概念,简单来说,就是让非人类的事物拥有类似人类的智慧和能力。在诸如《西部世界》等作品中,智人已经超越了传统的计算机范畴,与生物技术高度融合,具备了记忆和情感等特质。然而,真正实用、易见的人工智能才是我们所需要的。因此,现阶段而言,机器学习是最适合财务人员接触和应用的人工智能领域。它能够帮助财务人员提高工作效率,更好地处理和分析海量数据,从而为决策提供有力支持。总之,机器学习对于目前的财务人员来说,会是工作中的得力助手,是助力财务人员迈向智能化时代的重要基础。

### 2. 监督学习与无监督学习

一部分人将监督学习仅仅理解为像家长监督孩子做作业那样的学习方式,但实际上,监督学习的含义远不止于此。在监督学习中,计算机会被给予一系列带有明确答案的训练题,这些题目都有清晰的"特征"。重要的是,这些训练题都有标准答案,也就是"标签"。计算机通过解答这些带有标签的题目,不断学习,以优化解题方法,即"算法"。当计算机能够正确解答训练题后,我们会给它一个没有标签的新题目,如果计算机能够回答出正确答案,那么我们就达到了目的。

在监督学习中,算法在训练过程中已经预先设定好。我们可以对不同类型的题目进行不同的标注,让计算机按照预设的路径学习。从本质上来说,学习过程实际上是对算法进行训练,而不是创造新的算法。在初始阶段,需要对训练后的算法进行测试,并根据对测试结果的满意程度进一步调整算法。因此,监督学习实际上非常适合解决预测答案一类的问题。它让计算机通过对已有答案的学习,提高预测准确性,从而更好地服务于我们的工作和生活。

无监督学习也是一种训练计算机的方法,但与监督学习不同,我们不会给它提供答案。在这种模式下,训练题仅包含清晰的"特征",而没有"标签"。计算机需要自行找出具有相似"特征"的训练题并归为一类,而不管它们具体是什么。这种自动分类的过程被称为"聚类"，是无监督学习模式下的重要价值产物。

在这个过程中，计算机自行运用解决聚类问题的算法。分类结果可以通过某种方式进行检验，如果结果不尽如人意，计算机可以回到训练数据中，修正算法，然后再次进行聚类。无监督学习尤其适合解决分类问题，它能够帮助计算机自行发现数据中的内在规律，从而实现更准确的分类和预测。

综上所述，无监督学习让计算机在无指导的情况下，通过自我学习和调整，实现数据的自动分类和聚类。这种学习模式有助于挖掘数据中的潜在规律，为各种实际应用场景提供有力支持。

无论是有监督学习还是无监督学习，它们都有各自对应的算法。在监督学习中，我们可以通过训练和测试来调整算法；而在无监督学习中，由于没有目标"标签"，我们只需使用试算法进行调整。当然，无论在哪种情况下，我们都可以不断改进算法以提高其性能。

在监督学习中，常用的算法包括 K- 近邻算法、线性回归算法、局部加权线性回归算法、朴素贝叶斯算法、支持向量机算法、Ridge 回归算法、决策树算法等。而在无监督学习中，常用的算法有 K- 均值算法、最大期望值算法、DBSCAN 算法、Pazn 窗设计算法等。

监督学习和无监督学习都有各自的特点和优势。在实际应用中，我们需要根据具体问题和场景选择合适的算法，并通过不断调整和改进来提高算法的性能。

# 二、财务管理中的人工智能应用现状

## 1. 处于互联网时代的企业占多数

从我国当前的现状出发，大部分企业的财务管理仍处于互联网和移动互联网阶段，尚未进入人工智能阶段。这说明许多企业的基本需求尚未得到满足，仍然在努力解决温饱问题。当然，一些已经解决基本问题的企业已经开始思考如何利用移动应用来提升网络财务的友好性和便利性，以进一步提高财务管理效率。

在这个阶段，费用控制产品厂商的生意依然火爆，这反映出企业在财务管理方面的需求仍然旺盛。随着科技的不断进步，未来会有更多的企业进入人工智能阶段，由此来看，我国企业在财务管理方面还有很大的发展空间。在解决基本需求的同时，企业应不断探索新的技术和方法，以提高财务管理的效率和便利性。

## 2. 部分企业开启大数据应用模式

部分企业在人工智能的关键前置技术环节——大数据上已经有所应用。这意味着这些企业已经为进一步迈入人工智能做好了准备。然而，具备这种条件的企业并不多，因为它们需要具备支持大数据处理的技术架构。这些企业主要将大数据应用于经营分析、管理会计和全面预算等领域。

这些企业在人工智能领域的探索表明，大数据技术已经逐渐成为企业提高竞争力的重要手段。大数据技术为企业提供了丰富的数据来源和强大的分析能力，使得企业能够更加精准地识别和防范风险，提高决策效率。

虽然目前具备应用大数据技术条件的企业并不多，但随着科技的不断进步，未来会有更多的企业进入大数据和人工智能领域，利用大数据技术推进财务管理改革步伐的加快。

## 3. 少数企业实现人工智能的初级应用

在国内，少部分走在技术发展前列的企业已经迈入了人工智能应用的初级阶段。在这个阶段，人们已经将解决问题的准确方法告诉了机器，机器可以利用这些特征去应用内置的方法。如果机器能够成功地将问题套入内置方法并获得与预期一致的结果，那么这个结果就会通过审核；如果套不进去，或者结果与预期不一致，就需要交给人工处理。我们将这种模式称为基于人工经验规则的初级人工智能应用。

如果规则足够丰富，这种模式就能够显著地节约人力成本。笔者认为，在未来的一两年内，这可能是国内主流的"财务准人工智能"解决方案。这种解决方案将逐步提高企业的效率和竞争力，推动企业进入更高级的人工智能阶段。

总体来说，尽管目前国内大部分企业仍处于财务管理的互联网和移动互联网阶段，但已经有少数企业开始尝试基于人工经验规则的初级人工智能应用。随着技术的不断进步和应用的深入，未来会有更多的企业进入人工智能领域，让我们一起期待未来财务管理领域的发展和创新吧！

# 三、财务应用机器学习的人工智能场景

## 1. 智能报告生成

在许多企业的业务与财务衔接中，我们可以看到智能工作处理的应用是比较普遍的，即基于会计准则的规则化来实现自动的会计作业处理，例如智能生成会计报告就是其中的典型。这种场景同样是通过引入机器学习，以完善现有的规则库，最终实现智能报告的生成的。不过我们需要注意，会计作业和审核作业本身就建立在高度标准化的规则基础上，笔者认为进一步依靠人的经验来深化应用可能会更有效率。

另一方面，智能报告这一应用场景则有所不同。智能报告的应用逻辑与新闻出版、投资研究领域的智能编辑应用更为相似。报告中的固化结构可以用规则来形成，而报告中讲故事的部分则可以使用机器学习的方式，通过大量的训练数据，计算机会编写满足投资人需求的报告。

从目前的智能财务实践来看，在财务管理领域，机器学习技术在业务与财务衔接、智能报告等方面具有广泛的应用前景。通过不断地训练和优化，机器学习能够提高报告的质量和效率，满足投资人的需求，为企业的可持续发展提供支持，相信未来在财务管理领域还会有更多智能报告生成的创新应用。

## 3. 智能风控

智能风控是机器学习的重要应用领域之一。实际上，在财务领域，智能风控早已得到广泛应用，特别是在防范欺诈方面，已有大量成功案例。财务部门可以利用相同的逻辑进行智能风控。

在这种模式下，通过机器学习，计算机能够不断地完善算法，对所有进入财务流程的单据进行风险分级。针对不同的风险等级，设置相匹配的业务流程，同时运用监督学习、无监督学习的各种算法去发现风险线索。在智能风控模式下，我们希望计算机能够更加精准地命中疑似风险案件，为使用者进行提示，辅助财务人员进行进一步的判断。

智能风控技术在财务管理领域具有广泛的应用前景。通过不断地训练和优化，机器学习能够提高风险识别的准确性，在帮助企业防范风险方面发挥更大的作用。

### 4. 其他智能财务管理场景

以上提到的三种场景主要从财务运营流程和操作风险的角度探讨了机器学习在智能财务应用中的可能性。实际上，除了运营方面的应用，非运营的财务业务中同样存在许多可能的应用场景。

例如，基于机器学习的经营分析，可以帮助企业更加精准地分析经营数据，预测市场趋势，制定有效的战略决策；基于机器学习的资源配置，则能够实现资源的最优分配，提高企业的运营效率。这些应用场景同样具有广泛的发展前景。

总之，机器学习技术在财务领域的应用不仅局限于运营流程和操作风险，还可以扩展到非运营方面的业务，如经营分析和资源配置等，未来人工智能技术将会在财务管理领域获得更多的发展和创新。

# 4.3 云计算技术在企业智能财务管理中的应用

## 一、云计算的概念

美国国家标准与技术研究院（NTST）将云计算定义为一种按使用量付费的模式，它提供可用的、便捷的、按需的网络访问，进入可配置的计算资源共享池。这些资源包括网络、服务器、存储、应用软件和服务，能够被快速提供，只需投入很少的管理工作，或与服务供应商进行很少的交互。

云计算主要有三种模式：基础设施即服务（IaaS）、平台即服务（PaaS）和软件即服务（SaaS）。IaaS 是云架构下的技术硬件，如网络、服务器等物理架构；PaaS 是云架构下的开发平台、数据库平台等；而 SaaS 则是提供给客户在云架构下使用的软件应用，如业务人员直接操作的 Oracle 系统。此外，还有一种基于人员形态的云计算模式——人力资源即服务（HRaaS）。

云计算作为一种新型的服务模式，已经逐渐渗透到各个行业领域，为企业带来了便捷、高效和节省成本的优势。随着技术的不断发展和创新，未来云计算将会在更多领域得到广泛应用，成为企业和个人不可或缺的一部分。

# 二、云计算与财务管理的联系

### 1.IaaS 与财务管理

云计算模式中的基础设施即服务（IaaS）主要体现在物理架构方面，如网络、服务器等。对于财务人员而言，使用IaaS模式时，他们可能无法直接感受到变化，因为这种模式下的服务与本地部署的软件系统并无太大差异。不同的是，这些软件系统不再部署在企业专属的服务器上，而是选择像电信云、阿里云或腾讯云等公共基础设施平台。

使用 IaaS 模式的优势在于：企业能够有效降低硬件投入成本，同时借助云集群的算力实现均衡使用，从而提升系统性能。例如，国内某大型建筑央企便将财务系统搭建在电信云上，借助这种模式支持其数十万企业员工的财务应用。通过云计算技术，企业能够实现资源的灵活调配，提高工作效率，降低成本，并确保数据的安全性。随着云计算技术的不断成熟，相信未来会有更多企业选择将其财务系统迁移至云端，实现更加便捷、高效的财务管理。

### 2.PaaS 与财务管理

如果采用 PaaS 模式，财务人员可能无法直接感受到变化，但开发人员却可以明显感受到不同。在 PaaS 模式下，开发人员不再使用本地开发工具和企业内部的数据库，而是选择租用一个云端开发平台。

例如，开发人员在阿里云上注册一个账号后，便可以访问阿里云中可付费使用的开发工具，甚至能够部署机器学习的开发环境。对于规模较小、没有资金搭建大型复杂开发环境的企业来说，使用 PaaS 平台的成本较低，且能随时使用最新的平台技术。在 PaaS 模式下，开发平台成为了一种即租即用的服务。

PaaS 模式的优势在于：企业能够根据实际需求选择合适的开发工具和服务，降低开发成本，提高开发效率。随着云计算技术的不断成熟，PaaS 模式将会得到更广泛的应用，为企业的创新和发展提供支持。

### 3.SaaS 与财务管理

财务人员最密切相关的是 SaaS 模式，即"软件即服务"。这种模式下，财务的应用系统并非部署在企业内部，而是放在互联网上的云平台中。用户访问财务系统时，就像访问百度网页一样，从企业内部穿透到互联网上的某个系统里。需要注意的是，这个互联网上的财务系统并非某个企业独享，而是多个企业共用，只是在权限和数据上进行了隔离。

SaaS 模式为财务人员带来了便捷性和高效性，同时降低了企业的硬件投入成本。在 SaaS 模式下，企业可以根据实际需求选择合适的财务系统，实现资源的灵活调配，提高工作效率。

### 4.HRaaS 与财务管理

人力资源即服务（HRaaS）可以理解为财务共享服务的一种形式。云计算有五个特征：资源池、按需自助服务、快速伸缩、广泛的网络访问和按使用量收费。对照这五个特征，共享服务中心将人力资源视为资源池；业务部门根据需求提出服务单，实现按需自助服务；业务繁忙时，工作人员需加班，业务较少时，财务共享服务中心会组织培训和调休，实现快速伸缩；各地分支机构向财务共享服务中心寻求集中服务，实现广泛的网络访问；财务共享服务中心按件计价，实现按使用量收费。

具备这五个特征的财务共享服务中心被称为云服务中心。云服务中心能够为企业提供便捷、高效、低成本的人力资源服务，并随着业务需求的变化进行灵活调整。通过云服务中心，企业可以实现人力资源管理的集中化、标准化和专业化，提高人力资源管理的效率和效果。

## 三、云计算在财务管理中的使用场景

企业在实现财务领域的云计算应用时，需要挖掘相关的应用场景。以下是三种常见的应用场景：一是采用 IaaS 模式构建财务系统架构：企业可以选择使用像电信云、阿里云或腾讯云等公共基础设施平台，将财务系统部署在云端，实现硬件资源的灵活调配，提高系统性能；二是使用基于 SaaS 式的服务应用系统：企业可以采用 SaaS 模式，选择合适的财务系统，实现财务管理的便捷、高效。财务人员可以通过互联网访问云端财务系统，实现财务数据的处理和分析。三是以 SOA 或 HRaaS 模式提供对外服务：企业可以利用 SOA 或 HRaaS 模式将财务服务对外提供，实现财务资源的共享，提高服务效率。通过 SOA 或 HRaaS 模式，企业可以根据实际需求选择合适的服务，降低服务成本。

下面我们来分别具体介绍一下云计算在管理中使用的三个场景：

### 1. 采用 IaaS 模式构建财务系统架构

在大型企业中，传统的本地部署模式构建信息系统架构可能会导致 IT 架构越来越复杂，信息化成本逐年攀升。从基础架构到开发、维护等环节，都需要投入大量的成本。对于我国的大部分世界五百强企业来说，每年都会产生高昂的财务信息化开支。

作为这些系统的重要业务应用者，财务部门直接承担了这些成本，并可能通过定价收费或分摊的方式将这些成本进一步转嫁给服务对象。在服务对象对收费越来越敏感的今天，控制成本、降低定价成为许多企业财务面临的共同压力。

将财务系统架构在 IaaS 模式之上，则能以较低的成本实现基础架构部署，采用"轻"IT 的方式实现财务信息系统的建设。这样一来，企业能够降低财务信息化成本，提高财务信息系统的效率，更好地满足业务需求。同时，通过云计算技术的不断成熟，企业还能够实现资源的灵活调配，提高工作效率。

### 2. 使用基于 SaaS 模式的财务应用系统

SaaS（软件即服务）是云计算中最容易被理解且最常被应用的一种模式，而财务人员则是 SaaS 模式的直接使用者。在这种模式下，企业财务并不需要构建自己独有的财务信息系统，而是选择租用第三方提供的云服务产品。

这种第三方产品的提供商需要对财务业务流程有深刻的理解，以便在产品设计时充分考虑到不同企业的差异化需求，并通过灵活的后台管理功能来实现快速配置和部署。企业财务在选择这类云服务产品时，需要确保其能够与企业整体的信息化战略和信息安全评估相兼容。

目前，我国的一些产品厂商正尝试推出云服务产品，主要服务对象为中小型企业。这些产品可以帮助企业降低财务信息系统的建设成本，提高工作效率，同时确保数据的安全性。随着云计算技术的不断成熟，SaaS 模式在财务领域的应用将越来越广泛。

### 3. 以 SaaS 或 HRaaS 模式提供对外服务

一些企业的财务部门尝试将自身积累的管理经验和技能进行对外输出，以实现价值最大化。这种对外能力输出主要有两种形态：

第一种形态是将企业的管理经营积累转化为系统产品，并向社会提供服务输出。在这种情况下，输出方可以考虑采用 SaaS（软件即服务）的方式架构自身的产品，让用户通过便捷的方式使用产品，从而获得输出方所积累的管理经验。通过 SaaS 模式，输出方可以将自身积累的经验与技术相结合，为用户提供高效、实用的财务管理解决方案。

第二种形态是通过培训、咨询等方式，将企业的管理经验传授给其他企业。这种形态的输出方可以借助自身丰富的实践经验和专业知识为企业提供定制化的财务管理方案，帮助企业提高财务管理水平。财务外包就是其中一种常见的财务能力输出方式，其核心是提供基于 HRaaS 模式的对外服务。目前，代理记账市场正逐渐向这种模式转型，一些具有前瞻性的代理记账服务提供商已经开始采用共享服务的管理模式，向大量的中小客户提供服务。

然而，需要注意的是，开发云服务产品本身是一项高复杂性和高成本的任务。由于云服务系统需要满足用户的差异化需求，对其产品设计的可配置性和灵活性要求非常高。在技术方面，要满足大规模开发的需求，对产品的性能也有很高的要求。同时，云服务产品还需要满足多操作平台、多浏览器兼容的需求，如果涉及移动端，对差异化移动平台的兼容则更加复杂。这些因素都会导致产品研发的高成本投入。

企业在考虑使用云计算提供 SaaS 模式系统服务时，需要充分考虑自身规模和发展能力。如果无法在经营上取得良好的投入产出结果，则应慎重投资云服务产品。因此，企业在选择云服务产品时，应充分评估自身需求和实际情况，确保投资能够带来良好的回报。

# 4.4　区块链技术在企业智能财务管理中的应用

在探讨智能时代对财务领域产生影响的众多新技术中，区块链技术无疑是一个重要的议题。区块链是一种创新型的分布式数据库技术，它的出现为数据存储和管理提供了全新的方式。区块链技术的核心优势在于去中心化、数据不可篡改和安全性等特点，因此在许多行业中具有广泛的应用前景。

区块链技术最初在 2008 年由中本聪在论文《比特币：一种点对点的电子现金系统》中提出，比特币的技术架构就是基于区块链的思路构建的。因此，区块链从诞生开始就与比特币紧密相连，很多人将区块链与比特币等同起来。

然而，区块链技术的应用远不止于比特币，它有可能带来基于特定场景、改变社会生活方式的应用。

尽管区块链的概念难以理解，应用场景也难以预测，但深入了解区块链技术是非常有必要的。在大数据、云计算、人工智能和区块链这四个概念中，区块链具有独特的价值，有望在未来的财务领域发挥重要作用。因此，对于财务从业者来说，关注和学习区块链技术是非常有意义的。

# 一、区块链的概念

为了帮助大家更好地理解区块链的概念，我们可以通过一个微信接龙的创意故事来进行阐述。在这个故事中，我们将融入对区块链的理解和再设计，以便大家更容易地掌握这一技术。

故事开始于一个公司里的发放饮料报名方式。最初，大家通过发送邮件向饮料管理员报名，这种方式可以看作是一个中心化的记账过程。然而，这种记账方式存在一些问题，例如管理员不能休息、不能出错，而且账本只有一个，导致记账结果只能以管理员为准。此外，各报名人之间的信息是隔离的，无法了解其他人的报名情况。

为了解决这些问题，发饮料活动进行了一次升级，采用了一种基于微信接龙的报名方式。在这个新方式中，饮料管理员创建了一个微信群，并将其命名为"微信接龙领饮料"。每天上午 10 点左右，有人开始在群里发布报名信息，例如"1.李明"。随后，其他人可以在这个基础上继续接龙，如"1.李明 +2.张强"。这样，报名信息以接龙的形式不断增加，直到报名结束。

通过这个微信接龙的例子，我们可以看到区块链的一些基本特征。首先，区块链是一种去中心化的技术，不需要一个中心化的账本。在这个例子中，微信群里的所有人都可以看到报名信息，不存在一个中心化的管理员。其次，区块链具有可追溯性，每个参与者的信息都会被记录在区块链上，确保了数据的透明度。最后，区块链具有不可篡改性，一旦信息被添加到区块链上，就无法被修改或删除，这个例子虽然简单，但是却很好地解释了区块链的有关概念。

## 1. 区块链中的链式结构

区块链，这个名字中的"链"字，实际上是指基于链式结构进行运作。在这种结构中，各个区块相互连接，形成一个不可篡改、去中心化的数据库。早期的区块链报名过程类似于填空，每个人报名都在账本上占据一个位置，而各个位置之间并无明确的先后关系或链式关系。

然而，在微信接龙模式下，报名顺序有了明显的变化。当第二个人报名时，他的报名信息必定紧跟在第一个人的报名信息之后，形成了编码顺序从"1"变为"1+2"的链式结构。这种顺序并非随意设定，而是强制性地构建了一个链式结构，使得每个区块都紧密相连，依次排列。

在这个链式结构中，每一个区块都包含了一定的信息，前一区块的信息会为后一区块所继承。这种继承关系保证了区块链的安全性和可靠性，因为任何试图篡改区块链中某一块的信息的行为，都会导致后续区块的信息发生改变。这样一来，区块链就成为了一种非常稳定、难以篡改的数据存储方式。

区块链技术的应用不仅仅局限于报名接龙，它在金融、物流、医疗等多个领域都有着广泛的应用前景。区块链的去中心化、防篡改的特性为各行各业提供了更加安全、高效的数据存储和管理方式，具有很高的使用价值。

## 2. 区块链中的共识机制

微信接龙方式下的报名过程充满了秩序与规则。饮料管理员在一开始就明确了报名规则：每个参与者回复的内容应等于前一条回复内容加上下一个人的序号和名字。这个规则在群里得到了所有人的认同，大家都会自觉地遵守这一规定进行报名。

当然，在实际操作过程中，难免会出现填写错误的情况。一旦有人违反规则，这条错误的记录就会被群里所有人默认失效。此时，会有其他成员立即按照正确的规则填补空位，确保报名序列的连贯性。此外，如果出现重复使用序号的情况，由于服务器上的时间先后是客观存在的，群成员会将最先发布的消息视为有效信息，而对后续发布的类似信息进行失效处理。

这种共识机制与区块链的原理不谋而合。在区块链系统中，每个区块都包含了一定的信息，前一区块的信息会为后一区块所继承。一旦某个区块的信息发生错误，后续区块会将其视为无效，从而确保整个区块链的准确性和连贯性。同样，在微信接龙报名中，成员们遵循共识机制，确保报名序列的正确性。

微信接龙报名方式之所以能够实现高效且有序的运作，正是因为这种共识机制的存在。它使得每个参与者都能意识到遵守规则的重要性，从而共同维护了这个报名系统的稳定性和可靠性。这套共识机制也为区块链技术在其他领域的应用提供了借鉴，诸如金融、物流、医疗等行业，都可以借助区块链技术来实现数据的安全、透明和高效管理。

### 3.区块链中的去中心化

区块链的一个显著特性是去中心化，这意味着在系统中，不存在一个单独的个体能够掌控全局。在此之前，报名过程是以饮料管理员为中心的，他担任整个饮料记账体系的核心角色。换句话说，饮料管理员在报名过程中具有较高的权力和地位，可以修改或屏蔽相关信息。

然而，当引入微信接龙报名方式后，整个报名过程发生了显著变化。在这种方式下，没有一个人能够站在中心位置来对信息进行修改或屏蔽。微信接龙报名过程中的信息传递，如同区块链中的数据记录，依次链接在一起，形成一个不可篡改的序列。每个参与者都在这个序列中扮演着重要的角色，共同维护着整个报名序列的完整性和准确性。

去中心化的报名方式使得每个参与者都能参与到整个过程中，降低了信息被篡改或屏蔽的风险。这种改变不仅提高了报名过程的公平性和透明度，还有助于建立一个更加信任和可靠的社交环境。与此同时，去中心化的特性使得区块链技术在金融、物流、医疗等领域的应用成为可能，为各行各业提供了更加安全、高效的数据存储和管理方式。

总之，微信接龙报名方式的去中心化特点使得整个报名过程更加公平、透明，降低了信息被篡改和屏蔽的风险。这种改变不仅有利于构建一个可靠的社交环境，还为区块链技术在其他领域的应用提供了有力支持。

### 4.区块链中的点对点对等网络

在微信接龙模式下，我们建立了一个由参与者共同组成的点对点网络。这个网络中的每个成员都具有平等的地位，相互之间并无主次之分。这样的设计极大地提升了整个记账过程的安全性和公平性。

在传统的中心化记账体系中，某个角色（如管理员）具有较高的权力和地位，可以对数据进行修改或屏蔽。然而，在微信接龙模式下，每个参与者都是网络中的一员，共同参与记账过程。这种去中心化的设计使得任何人都无法单独篡改或操控信息，从而提高了整个过程的安全性。

此外，点对点网络的平等性也有助于确保公平性。在这种模式下，每个参与者都有机会参与到记账过程中，不存在特定的角色或地位优势。这样一来，报名信息能够在网络中公平、公正地传播，避免了某些人或团体对信息的操控。

### 5.区块链中的分布式和高冗余

在传统的报名方式中，账本是唯一的，所有的数据都集中在饮料管理员的服务器中。这意味着饮料管理员是整个报名过程的核心，拥有对数据的绝对掌控权。然而，这种集中式的管理方式也存在一定的风险，如服务器出现故障或遭到攻击，可能导致数据丢失或泄露。

微信接龙模式的出现，改变了这一局面。在这种模式下，微信群里的每一个成员都有一个账本，可以清晰地看到报名从 1 号开始直到结束的完整记账过程。这种分布式的设计使得数据的管理更加安全可靠，因为即使某个成员的账本出现问题，其他成员的账本仍然可以提供完整的信息。

分布式的概念在这里得到了很好的体现，各个成员手中的账本相互补充，共同构成了一个完整的报名信息体系。然而，这种设计也存在一定的挑战，如反复记账可能导致高冗余的问题。在大数据时代，这一点数据冗余的代价是可以被接受的，尤其是在处理重要的交易时，数据的完整性和安全性更为关键。

### 6.区块链中的共享账簿

在微信接龙报名的过程中，每个参与者都有一个共享的账簿，这个账簿记录了整个报名过程中的信息。与传统的报名方式不同，这个账簿不是由某个中心角色来管理的，而是由网络中的所有成员共同维护。这种设计使得任何一个人都无法篡改账簿上的信息，除非他能够同时修改所有参与者手上的账簿备份。

通过微信接龙报名的故事，我们可以看到区块链的一些基本特征。区块链是一种公共记账的机制，在互联网上建立一组公共账本，由网络中所有用户共同在账本上记账与核账，以保证信息的真实性和不可篡改性。

董莉在《区块链：诗不在远方》一文中提到，区块链存储数据的结构是由网络上一个个存储区块组成的链条，每个区块中包含了一定时间内网络中全部的信息交流数据。这种结构使得区块链具有高度的安全性和可靠性，因为它不容易受到攻击或篡改。

总之，区块链技术通过公共账本、去中心化、数据不可篡改等特征，为各行各业提供了一种安全、可靠的数据存储和管理方式。这种技术有望推动社会的发展，并为各个领域带来更加高效、公平的运作模式。

## 二、区块链在财务管理中的使用场景

区块链作为一种创新型的技术，其特性使得它在涉及多方信任的场景中具有显著的优势。去中心化、点对点对等网络以及共享账簿等特性，使得区块链能够有效地为多方交易提供信用担保，从而改变现有的业务模式。

区块链的去中心化特性保证了数据的安全性和可靠性。在传统的中心化系统中，数据往往集中在某个中心节点，一旦该节点出现问题，可能导致整个系统崩溃。而区块链技术将数据分布在网络中的各个节点上，使得数据的安全性得到了有效保障。

此外，区块链的点对点对等网络特性使得交易双方无需通过第三方机构进行信任背书。传统的交易过程中，往往需要借助银行、支付平台等第三方机构来确保交易的安全性和可靠性。而区块链技术通过点对点对等网络，实现了交易双方之间的直接信任，降低了交易成本。

区块链技术在涉及多方信任的场景中具有很高的应用价值。去中心化、点对点对等网络、共享账簿等特性使区块链技术能够为多方交易提供信用担保，从而改变现有的业务模式，提高交易效率，降低交易成本。

### 1. 跨境清结算

我国清结算交易中的问题并不严重，但跨境付款清结算由于涉及多个国家和地区的银行，过程复杂且压力大。其中，环球银行金融电信协会（Society for Worldwide Interbank Financial Telecommunications，SWIFT）组织起到了关键作用。SWIFT 通过一套基于 SWIFT Code 的代码体系，将全球的银行连接起来，实现跨境转账交易。然而，这套体系也存在一些问题，如高昂的手续费和漫长的转账周期，这给用户带来了极大的不便。

然而，区块链技术的出现为打破这种基于中心组织的清结算体制带来了新的可能性。区块链技术具有去中心化的特点，可以实现全球用户之间的跨境转账，且手续费低、速度快。尽管 SWIFT 在整个交易过程中处于中心地位，但它也面临着来自区块链技术的压力，不得不做出自我改变。

实际上，许多银行和区块链创新组织已经开始积极尝试使用区块链技术进行跨境支付。这也使得 SWIFT 在 2016 年年初启动了基于区块链技术的全新技术路线图，以应对来自区块链技术的挑战。目前来看，区块链技术有可能改变现有的跨境清结算方式，使得全球用户能够以更低的费用、更快的速度完成跨境转账，这对于 SWIFT 来说，既是挑战，也是机遇。

## 2. 智能合约

智能合约，这是一个涉及多方信任的场景，尤其在区块链技术的赋能下，其可信度得到了极大的提升。本质上，智能合约并非财务概念，而是为企业间商贸活动提供的契约。然而，一旦结合电子数据进行签订和承载，智能合约背后的财务执行就可以更多地考虑自动化处理，从而简化财务流程。

智能合约的概念源自密码学家和数字货币研究者尼克·萨博，他将其定义为"一套以数字形式定义的承诺，包括合约参与方可以在上面执行这些承诺的协议"。换句话说，智能合约的所有触发条件都可以通过计算机代码进行编译，一旦条件被触发，合约将自动执行，无需人为干预。

在区块链出现之前，智能合约的执行依赖于中心系统，然而这样的模式往往难以获得合约双方的信任。区块链的出现使得智能合约的设想得以实现，同时也为其提供了坚实的技术基础。借助智能合约，财务结算、会计核算等处理过程都可以自动触发，这将极大地简化财务处理流程，并为智能财务的实现提供了有力支持。智能合约的应用不仅提高了合约的执行效率，也降低了信任成本，进一步推动了商业活动的便捷化。

## 3. 关联交易

在财务领域，关联交易的处理一直是财务人员面临的棘手问题。由于关联交易各方的账簿都是由各自的所有者管理，因此在交易发生后，对各方账簿进行记账和核对的工作变得极为复杂。传统的关联交易模式下，缺乏一个中心账簿以及区块链所带来的可靠安全机制，导致关联交易核对过程中出现问题。

为了解决这一问题，一些大型企业尝试构建一个中心平台，让所有关联交易方在该平台上完成交易登记，以实现类似于银行清结算的对账机制。然而，在区块链技术出现之前，这种探索方式存在局限性。

随着区块链技术的诞生，人们开始寻找新的解决方案。区块链的去中心化特性以及可靠的安全机制为实现关联交易管理提供了新的可能性。借助区块链技术，可以构建一个公平、透明且安全的关联交易平台，使得各关联方能够在去中心化的环境下完成交易，并自动实现对账核账。

区块链技术的应用将使企业在财务管理和业务运营方面实现更高程度的协

同，降低信息不对称带来的风险。尽管实施过程中面临挑战，但区块链技术为解决业财一致性问题提供了新的可能，有望推动企业财务管理水平的提升。

### 4. 社会账簿

设想一个未来的场景：整个社会的商业行为完全基于区块链进行，这将带来怎样的财务管理模式呢？在这个场景中，每个企业都是区块链上的一个节点，企业间的所有交易都通过区块链进行多账簿的链式记账。这样一来，假账的出现将变得极为困难。

同时，区块链所具备的高可靠性使得全社会交易记录变得更为准确。这一变化将对税务、财政等监管模式产生深远影响。在这个场景下，发票可能失去其存在的价值，而监管审计、第三方审计等也可能会逐渐失去其必要性，甚至可能导致审计的消亡。

这样的未来虽然看似遥远，但随着区块链技术的不断发展和普及，这种场景有望成为现实。这将极大地改变现有的商业模式和财务管理方式，使得商业行为更加透明、高效，并降低企业的运营成本。同时，这也将给审计行业带来前所未有的挑战，促使审计行业进行深刻的变革。

# 第 5 章　数字化时代企业财务管理的智能升级

## 5.1　企业财务框架的智能升级

在当今的智能时代,战略财务管理作为CFO基础能力框架的重要组成部分,正面临着巨大的变革。新技术的不断涌现,无论是直接的技术影响,还是智能化技术对社会、经济形态的改变,都在很大程度上影响了战略财务管理的各项工作内容。

为了应对这些挑战,企业的财务负责人需要具备高度敏锐的洞察力,及时掌握新技术的发展动态,了解它们对财务管理的影响。本节我们主要讨论企业财务框架智能升级的主要思路,为企业的财务管理改革提供理论上的支持。

### 一、企业战略财务

随着智能时代的到来,企业的经营方式、商业模式乃至战略规划都将发生重大变革,各行各业都会受到智能化技术的影响。无论是成为智能服务的提供商,还是参与智能化技术的研发,或是引入智能化工具创新商业模式,企业都需要在智能化浪潮中寻求发展。

在这样的背景下,战略财务的管理也面临着挑战。战略财务需要具备敏锐的洞察力,紧密跟踪企业战略和经营的变化,主动为企业提供财务支持,而不仅仅是在企业变革后被动地适应。

在这场智能化变革中,战略财务的积极参与能够让企业赢得主动,更好地体现财务对企业战略和经营决策支持的价值。如果战略财务表现得过于被动,无法与业务部门站在同一对话层次上,那么企业很可能会面临财务能力不足的问题，从而影响整体运营。因此，战略财务需要在这场智能化变革中发挥积极作用，与业务部门紧密合作，共同应对挑战，确保企业在智能化时代的稳健发展。

## 二、企业的价值管理

在价值管理领域，大数据技术是实现智能增强的关键。通过大数据分析，我们可以发现更多的潜在价值提升机会。此外，大数据结合机器学习，为企业经营管理提供了更强大的预测能力，有助于提高营运资本和现金流量的管理水平。

在产权管理方面，基于规则的初级人工智能以及大数据技术能够辅助进行产权风险管理。这些技术能够帮助我们更及时地识别和防范风险，降低产权管理过程中的风险。

对于营运资本管理和现金流量管理，大数据技术同样具有重要作用。大数据能够帮助我们在营运资本和现金流量管理中发现更多的管理线索，从而优化企业的财务管理策略。

在价值管理中，企业进行关联性分析，能够发现更多可能提升价值的线索。这些线索可能在企业价值创造过程中发挥重要作用。通过大数据和机器学习技术，我们能够更好地分析这些线索，为企业创造更高的价值。

## 三、经营分析与绩效管理

智能化技术对经营分析的影响深远。大数据的应用使得经营分析的依据从局限的企业内部数据扩展到包括社会化数据在内的更广泛的领域。这意味着经营分析的视角将更加全面，能够从更多的维度分析企业运营状况，提高分析的准确性。

大数据和云计算的结合为经营分析提供了更强大的数据处理能力，使得企业能够更加高效地捕获和分析数据。同时，大数据技术处理非结构化数据的能力使得企业能够将微信、微博等社会化媒体的信息纳入经营分析的范畴，进一步拓宽了分析的范围。

此外，人工智能技术的发展使得经营分析方法从经验分析转向算法分析，使得企业能够实现更为复杂的分析，提高了分析的深度。同时，基于机器学习和算法的自我优化，企业的经营分析能力能够实现持续的提升，为企业发展提供强大的支持。

# 5.2　企业风控管理的智能应用

对于专业的财务人员来说，防范业务人员的舞弊行为和控制资金流失风险一直是工作的重中之重。然而，在传统的财务管理模式下，要实现这一目标存在一定的困难。一方面，防止资金流失和实际发生流失之间形成了一种类似于猫捉老鼠的游戏，财务部门需不断与业务部门进行各种博弈；另一方面，为做好这一工作，财务部门不得不投入大量的人力和精力来应对。

随着智能化时代的到来，财务反舞弊和反资金流失工作迎来了新的转机。借助智能化技术，我们有望在与舞弊行为的博弈中占据更主动的地位，同时让算力在一定程度上替代人力。智能风控技术的应用使我们更容易抓住财务舞弊和资金流失的蛛丝马迹。

智能化技术的应用为财务反舞弊和资金流失风险管理带来了新的机遇，使企业在应对各种风险挑战时能够更加从容应对。在未来的发展中，企业应继续关注智能化技术在财务风险管理领域的应用，以实现更高效、更安全的财务管理。下面将对企业风控管理中的各个方面展开分析：

## 一、财务风险中的财务渗漏

财务风险主要有两种表现形式。第一种情况是在烦琐的财务流程中，由于工作量大或者技能熟练度不足，容易出现各种各样的错误。这些错误并不一定都属于财务渗漏行为，而更多地被视为财务质量问题。例如，会计分录录入错误、账务处理不当等，这些都可能导致财务报表失真，为企业带来潜在风险。

第二种情况是所谓的财务渗漏，也可以理解为员工道德问题导致的舞弊行为。这类事件会直接或间接地导致企业财务损失。由于这些行为常常隐藏在大量的日常业务中，如员工报销、零星采购等，就像一个容器出现了破损，让沙子不断流失，因此被称为财务渗漏行为。

财务渗漏的特点如下：

1. 难以察觉：财务渗漏行为往往与其他正常业务混合在一起，难以立即察觉。只有通过细致的审计和检查，才能发现异常情况。

2. 持续性强：一旦财务渗漏行为发生，如果没有及时采取措施，它会持续对企业造成负面影响。

3. 损失隐蔽：财务渗漏导致的损失可能不会立即反映在财务报表上，而是在一段时间后逐渐显现。因此，企业需要加强对财务数据的监控和分析，以发现潜在的渗漏行为。

4. 涉及范围广：财务渗漏可能涉及企业的各个部门，如销售、采购、报销等，需要全方位加强风险防范。

要更好地鉴别财务渗漏，我们可以把握其中最重要的关键词——"虚构"。在财务渗漏中，常见的虚构事项主要有以下三种：

一是虚构经济事实。在财务渗漏事件中，最恶劣的情况之一就是"无中生有"式的欺诈行为。这类欺诈行为通常具有以下特点：（1）无中生有：涉案者在没有任何真实业务支撑的情况下，凭空捏造一个经济事实。（2）逻辑严密：为了使欺诈行为看起来更加可信，涉案者会编造一套看似合理的逻辑和证据链。（3）目的明确：涉案者进行欺诈行为的主要目的是从企业中套取资金。（4）资金去向多样：套取的资金可能会被用于特殊用途、员工的补充福利，或者直接被涉案者个人占有。

二是虚构原始凭证。在财务渗漏事件中，相较于完全虚构事实，虚构原始凭证的情况稍轻微一些。有时候，员工确实发生了实际的业务支出，并已经自行支付了相应的费用，但由于发票遗失、审批流程不完善等，导致能够支持报销的原始凭证缺失。在这种情况下，为了完成报销，员工可能会采取一些不合规的手段，如购买虚假发票、伪造审批签报等。虽然从动机上来说，虚构原始凭证的行为相较于完全虚构经济事实要稍微好一些，但它仍然属于财务渗漏行为。这种行为不仅违反了企业的财务管理制度，还可能涉及税收违法等问题。

三是虚构业务金额。在某些情况下，一些业务支出具有混合性质且较难以察觉，我们通常将这些情况称为"遗留业务额度"。在这种背景下，往往存在一个基本的经济事实，即确有实际的经济支出发生。例如，员工小明确实出差了，但在报销过程中，他夸大了住宿费用，将实际住宿的 5 天改为 10 天，每天费用也从 500 元提高到 1000 元。这种行为就是在存在事实基础的情况下，虚增了业务支出。这种混合式的行为也是我们所理解的财务渗漏行为。

在这一事件中，员工出差首先确实是发生了经济支出，这是整个事件的基础。其次，员工在报销过程中，对实际支出进行了放大，将住宿天数和每日费用都进行了提高。最后，这种虚增的支出额度就被视为财务渗漏的一部分。

财务渗漏行为可能发生在各个部门和环节，包括但不限于差旅、办公用品、业务招待等。尽管每一笔渗漏的资金可能看似微不足道，但累积起来会给企业造成不小的经济损失。因此，企业有必要加强对财务渗漏行为的监管，建立健全的财务管理制度，防范潜在的风险。

## 二、财务渗漏的进阶形式

进化论，作为自然科学领域中的一条普适性基本原理，同样适用于财务渗漏现象。进化论强调物种的适应性和不断变化的环境，这在财务领域中也有着相似之处。在企业不断发展的过程中，财务渗漏这一问题也在持续不断地发生着变化，企业在面临不断变化的市场和经济环境时，需要适应并调整财务管理策略，以应对潜在的财务渗漏风险。

财务渗漏的发展过程可以划分为四个阶段：基础进化阶段、惯性进化阶段、关联进化阶段和突变进化阶段。

在基础进化阶段，财务渗漏行为往往是偶然发生的，例如员工在报销时填错了信息，但财务人员并未察觉。这个阶段的渗漏行为就像在取款时自动取款机误吐出不属于我们的钞票，我们却将它们放入自己的钱包。

进入惯性进化阶段，部分员工会将偶然的渗漏行为转变为惯性的行为，他们试图抓住财务控制上的漏洞，习惯性地占便宜。这些行为逐渐演变成主观故意的欺诈行为，形成财务渗漏。

关联进化阶段是在业务真实性控制失效的情况下，通过伪造证据来实现欺诈行为。在这个阶段，渗漏的频率和规模都会进一步扩大。

在突变进化阶段，渗漏行为开始呈现出一些变异特性。部分人不再满足于频繁地渗漏，而是将渗漏规模扩大，将更多的证据链纳入渗漏范围，实现大量渗漏。

总的来说，财务渗漏的发展是一个逐步演化的过程，从基础进化到惯性进化，再到关联演化和突变演化。企业在应对财务渗漏时，需要根据渗漏的不同阶段，采取相应的预防和应对措施，以降低损失。

# 三、财务反渗漏的进化与面对的难题

实际上，在传统模式下，财务渗漏给我国带来了不容忽视的挑战。与渗漏本身的进化相呼应，财务人员的反渗漏策略也在不断演进。

在早期，财务人员的反渗漏策略依赖于"经验"。在这个阶段，通过多年的实践，财务人员逐渐形成了反渗漏的敏锐度。经验丰富的财务人员仅凭报账单据，就能产生职业敏感性判断，依靠经验查处舞弊行为成为他们自豪却又无奈的选择。然而，经验的积累并非易事，缺乏一线实践的积累，很难形成这样的能力。

"从依赖数据到依赖逻辑"的进化使财务人员在反渗漏道路上迈出了一大步，然而我们必须正视，与快速进化的渗漏技术相比，反渗漏的进化仍存在一定的滞后性。在应对财务渗漏的挑战时，财务人员需要不断调整策略，以适应不断变化的环境。在反渗漏的过程中，出现的难题主要有以下几个：

## 1. 有限的数据资源

不可否认，财务人员借助 Excel 或者基础的商业智能分析工具，的确能够应对诸多问题。然而，在面对如潮水般涌来的海量高频数据时，这些数据分析资源显然捉襟见肘。事实上，反渗透分析如同线索发掘，与常规的数据分析大相径庭。它要求财务人员在大数据和繁复的分析中，寻找隐匿的线索。

如何突破数据分析的资源瓶颈，已成为财务人员亟待解决的难题。唯有借助技术创新，突破数据分析的瓶颈，才能在未来展开更为复杂的反渗漏行动，为财务人员提供更多可能。

## 2. 处理渗漏线索的逻辑过于复杂

在财务领域对抗潜藏的漏洞，依赖逻辑探寻线索实属不易。逻辑的设计如数据建模，为高效寻觅复杂漏洞的线索，模型需构建得足够精妙。然而，人脑处理逻辑的复杂性有其极限，当逻辑层次超越人类的理解范畴，依靠认知能力进行逻辑分析并发现漏洞线索便愈发困难。

因此，财务人员面临重要挑战：如何突破人类逻辑的束缚，探寻隐秘或复杂的逻辑线索，攻克反渗漏难题。

### 3. 关联渗漏问题难以杜绝

在反渗漏战斗中，财务人员常感无力应对关联渗漏。这种情况下，欺诈行为被分散在各异的分录、时光乃至子公司之中。无疑，财务人员难以跨越这些天然屏障——单据、时间和子公司，从而发现隐藏的漏洞。于是，许多狡猾的罪犯得以逃脱。审视财务反渗漏的进化，其速度远不及渗漏本身的变异。尤其在过往的一段时间里，技术手段无法突破成为最大挑战。可喜的是，在科技力量的推动下，这一局面终于得以改变。如今，财务反渗漏战场的格局正在发生改变，关联渗漏的问题不再像过去那样难以破解。

## 四、智能时代反渗漏技术的智能进化

随着数字化时代的降临，财务人员在这场反渗漏的战斗中找到了突破口。大数据与机器学习技术的崛起为财务提供了在反渗漏领域应用先进技术的可能。接下来，我们主要探讨规则模型、监督学习模型、非监督学习模型以及社会网络分析这几种风控方法在反渗漏策略中的升级应用。

### 1. 在规则模型与监督学习模型基础上实现智能风控

实际上，基于规则的反渗漏策略与我们在上文中所述的"依赖数据与逻辑"的反渗漏策略在核心思想上是一致的。它们的主要区别在于：基于规则的方法能够利用信息系统来运行复杂的规则模型，而非依赖于人工分析。

### 2. 在非监督学习模型的基础上实现智能风控

借助机器学习的非监督学习方法，财务人员也能找到潜在的渗漏线索。非监督学习，某种程度上可理解为机器对海量数据进行自主聚类分析的过程。机器系统并不关注数据本身的含义，而是将数据依据特征相似性进行分类。因此，大部分正常单据具有相似性，能够被非监督学习模型归为非常相似的大区域，而那些可能存在渗漏行为的不正常单据，则有可能出现在特定区域的小圆圈中。这样的可视化分析有助于财务人员将渗漏调查的重点聚焦在这些特殊的小部分单据上。

非监督学习在技术上的支持，使财务人员能够突破数据与逻辑分析的局限，发现传统模式下难以察觉的渗漏风险。在这个科技与文学交织的时代，财务人员如驾驭科技的骑士，披荆斩棘，挑战渗漏的极限。非监督学习为这场战斗注入了新的活力，让财务人员能够更好地洞察潜在的风险，为财务领域的安全保驾护航。

### 3. 在社会网络基础上实现的智能风控

人的思维能力往往难以触及跨越时空的关联性。然而，在大数据技术的庇护下，通过建立社会网络来发掘渗漏风险，成为解决关联渗漏问题的创新途径。

社会网络模型汇集了筛选、统计、时间还原、风险节点关系分析、可视化关联分析等多种功能，能够更加快速、高效地帮助财务人员发现潜在的渗漏风险。

核心思路是以报销单据为切入点，将员工、审批人、供应商等多个要素与之建立关联，进而构建一个涵盖时空范畴的网络体系。在这个网络中，财务人员重点关注"黑节点"，即存在问题的单据、人和供应商，并通过与其他技术手段相结合的方式，发现潜在的"被污染节点"。这种以网络和"黑节点"为视角的问题发现方法，可以快速定位问题，挖掘出隐藏在数据和时间中的渗漏行为。

在实际构建社会网络模型的过程中，财务人员需经历节点确定、数据提取、节点数据清洗、关联关系匹配以及生成网络等关键步骤，以确保网络质量。此外，随着反渗漏技术步入智能风控时代，财务人员需掌握智能风控工具，不断提高自身专业素养，以应对智能时代带来的挑战。

随着科技的发展，财务人员应当充分利用智能化手段，如大数据、人工智能等技术，提升风险防控能力。在构建社会网络模型的过程中，注重数据质量和关联关系的梳理，以提高问题发现的准确性和效率。同时，财务人员也应不断学习，提升自身专业素养，适应智能化风控时代的需求。总之，通过构建社会网络模型，财务人员可以更加有效地发现和防范问题，确保企业财务安全。

# 5.3　企业发票管理的智能优化

## 一、电子发票概述

### 1. 电子发票的发展历程

自 20 世纪 60 年代末开始，美国开始使用电子数据交换，而在 2013 年则全面推广了电子发票。此外，2003 年，欧盟也发布了《电子发票指导纲要》，要求建立统一的欧盟电子发票系统。

在我国，电子发票正式落地之前有一个重要的过渡时期，即网络发票时期。网络发票提供了一个网络化的发票管理平台，人们可以在这个平台上申领、开具和管理纸质发票。虽然与电子发票不同，但网络发票的出现在观念上为后续的电子发票的诞生提供了很好的铺垫。

2013 年 6 月 27 日，京东开具了国内第一张真正意义上的电子发票，这可以说是电子发票在国内落地的重要里程碑。选择京东作为突破点是因为电子发票的诞生很大程度上受到了国内电商的快速发展的推动。选择电商作为突破点，就像微信从红包起步进军支付市场一样，是一个非常成功的商业策略。

然而，在相当长的一段时间里，各方面都面临着如何报销电子发票的问题。在实际操作中，电子文件流转方式对会计档案管理提出了挑战。2016 年，《会计档案管理办法》正式实施，提出在一定条件下允许以电子形式保存符合归档要求的电子会计凭证，从而配合电子发票的落地。2017 年 3 月，国家税务总局在《关于进一步做好增值税电子普通发票推行工作的指导意见》中要求：在电商、电信、金融、快递、公用事业等对电子发票有特殊需求的纳税人中推广使用电子发票。

到目前为止，我国大部分行业仍然使用传统的纸质发票。这意味着在电子发票的推行过程中仍然面临一些挑战和障碍。为了进一步推动电子发票的普及，需要加强电子发票服务平台的建设，并在特定行业中推广使用电子发票。这将为我国财务管理带来更高的效率和便利。

## 2.使用电子发票的优势

对于开票方来说，电子发票具有以下两个优点：

首先，对于零售、服务和金融行业等企业来说，开具纸质发票存在一些问题，如需要进行印刷和配送，以及相关的成本问题。而电子发票能够有效解决这些问题，提供更便捷的开票方式。

其次，从技术角度来看，开具电子发票相对较容易。核心的技术难点，如税控加密防伪、电子签章、二维码和发票赋码等，都集成在统一的电子发票服务平台和税务端管理平台中，开票方无需进行额外的技术投资。开票企业所需做的是在其企业端设置前置机，与电子发票服务平台进行数据交互，提交开票的电子数据信息，并将电子发票服务平台返回的电子发票文件提供给客户。

对于这些企业的客户来说，获取发票的目的主要是为了质保或维权。相比纸质发票，电子发票更易于管理。特别是在互联网服务日益发达的情况下，微信等社交平台也提供了电子发票的配套解决方案，这为用户获取和保管电子发票带来了更多的便利。

# 二、电子发票的未来发展展望

在我国税收政策改革中，一项重要的举措就是将各类发票逐步统一为普通增值税发票。这个过程虽然不可避免，但实现这一转变并非易事，因为它涉及到大量的基础设施建设，以适应新老方式之间的切换。

改革后，无论是高税率还是低税率的增值税发票，都将全面支持电子发票格式。国家税务部门的数据服务器将为全国用户提供互动支持，打破现有服务器的性能瓶颈，为我国企业提供无偿的资料互动服务，便利企业的发票管理和业务运营。

在此基础上，电子发票公共服务平台应运而生。这个平台以某个可信的组织为基础，为开票方、收票方和税务部门提供一站式服务，包括发票查验、电子签章、发票推送和发票存储等公共服务。

企业端的系统可以与税务局的数据库进行数据层面的连接，实现电子发票数据的直接传输。同时，企业应建立电子文件制度，实现电子发票与其他原始凭证的集成电子记录。另外，企业在"公众服务平台"和"电子存档"的支持下，无需打印纸质凭证即可完成报销流程。理论上，企业可以在卖出商品后，通过

ERP 系统与公众服务平台直接连接，实现实时开票。

在这个过程中，企业支付系统会对电子发票文档中的数据进行分析和验证，确保支付完成后，电子发票被录入电子发票系统并存档。员工可以通过手机或第三方支付服务商的 APP 上传电子发票格式文件，启动报销流程。总之，电子发票的推广和使用，将极大提升我国企业的运营效率和管理水平。

# 5.4　企业预算管理的智能创新

在战略财务的范畴中，全面预算管理一直受到业内的重视，但在企业经营管理中，它的作用却备受争议。杰克·韦尔奇在《赢》一书中表示，许多公司中，预算制定的过程是最缺乏效率的环节，它消耗了人们的精力、时间、乐趣和组织的梦想，阻碍了机遇的发现，制约了增长的可能性。韦尔奇进一步提出了超越预算的理念，强调了战胜竞争对手和超越过去业绩的重要性。同时，稻盛和夫在《经营与会计》中也指出了预算制度的一些问题。他认为，支出是为了实现计划中的销售增长，但实际上，销售额并没有随着支出的增加而增长。这揭示了预算与经营结果达成的相关性不足的问题。

无论是韦尔奇还是稻盛和夫，他们对预算的批评都直指预算在资本配置可靠性和与经营结果相关性这两个核心问题。现在，我们将着重讨论如何利用大数据技术来改善预算工作，解决这两个问题。

首先，预算在资源配置上的可靠性是一个关键问题。传统的预算制定往往基于历史数据和经验判断，而这些数据和判断可能存在偏差和不准确性。这导致预算无法准确反映企业的实际情况和未来发展趋势，从而降低了预算的可靠性。改善这一问题，可以利用大数据技术进行数据分析和预测模型构建，基于实时和准确的数据，更加准确地预测和规划资金需求，提高预算的可靠性。

其次，预算与经营结果的相关性也是一个重要问题。很多公司发现，预算制定的目的是实现销售额的增加，但费用的增加并没有带来预期的销售增长。这说明预算与实际经营结果之间存在着脱节。改善这一问题，可以利用大数据技术进行业务数据的分析和挖掘，深入了解产品销售情况、市场需求以及竞争对手的表现，从而更加准确地制定预算目标和策略，提高预算与经营结果之间的相关性。

利用大数据技术改善预算工作可以提高预算的可靠性和与经营结果的相关性。通过准确的数据分析和预测模型构建，可以更好地预测和规划资金需求，优化预算目标和策略，实现预算与实际经营结果的一致性。然而，在利用大数据技术的过程中，也需要注意数据的采集和整合、数据分析和模型构建，以及数据安全和隐私保护等问题。下面我们对预算管理与企业的资源配置进行详细的阐述。

## 一、企业的预算管理与资源配置

预算是一种对企业资源的配置方式，在企业经营中起着重要的作用。预算的核心是提出一个股东和经营单位都能够接受的资源配置方案，以在经营目标承诺和资源承诺之间找到平衡。资源配置主要涉及人力、财务和资产三个方面。

### 1. 人力资源

人力资源的配置是预算中需要考虑的重要问题之一。企业在实现经营目标时，需要适当配置人力资源，确保人员的数量和素质与业务需求相匹配。预算编制要考虑到人员的招聘、培训、薪酬等方面的费用，以及合理的绩效激励机制，以提高员工的工作动力和业绩。

### 2. 财务资源

财务资源的配置也是预算的重要内容之一。预算需要合理安排资金的使用和分配，确保企业的资金流动性和偿债能力。因此，预算编制需要考虑到资金的来源和运用，包括资金的投资、贷款、债务等方面的安排，以确保企业的财务稳定和可持续发展。

### 3. 资产配置

资产配置是预算中另一个关键问题。预算需要合理安排和管理企业的资产，包括固定资产、存货、应收账款等。预算编制要考虑到资产的购置、维护、处置等方面的成本与效益，以最大化资产的利用价值和投资回报率。

准确预估和计划人力、财务和资产的配置，企业可以更好地实现经营目标，提高效益和竞争力。利用预算管理，企业可以更好地协调股东和经营单位之间的利益关系，确保资源的合理配置和利用。

## 二、企业的资源配置要点

### 1. 资源配置的信任问题

在进行资源配置和资金管理的过程中，财务管理人员往往会遇到一些问题。其中，契约双方的信任问题是一个重要方面。资源所有者和资金使用者之间的关系类似于契约关系，双方需要建立起互信的基础。资源所有者追求资金投入和产出结果的最大化，因此在分配资源时会要求得到使用者的绩效承诺。同时，使用者也需要获得必要且及时的资源支持，以避免在资源不足的情况下进行经营，造成不良的绩效结果。然而，资源所有者也担心使用者可能存在道德风险，比如虚构经营目标或过度承诺，以获取更多的资源来满足其短期利益目标。

为了解决契约双方的信任问题，可以采取以下措施：

（1）建立透明的信息共享机制：资源所有者和使用者之间应建立起透明的信息共享机制，确保双方对资源分配和使用情况有清晰的了解。及时、准确地共享信息，可以增加对方的信任，减少信息不对称带来的不确定性。

（2）设立明确的绩效评估和激励机制：为了建立信任，资源所有者可以制定明确的绩效评估和激励机制。通过对使用者的绩效进行评估，并根据其表现给予适当的激励或奖励，激励使用者更加诚实、负责地履行契约承诺。

（3）建立风险管理机制：为了应对潜在的道德风险和不良绩效结果，双方可以建立风险管理机制。资源所有者可以进行风险评估，并制定相应的风险控制措施，防范不良绩效和道德风险的发生。

### 2. 资源配置的标准问题

在实际的预算过程中，形成资源配置标准并不容易，主要是由于太多的因素会对所设定的标准进行挑战。资源配置的标准可以简单或复杂，而标准的选择将直接影响到预算的合理性和有效性。

一方面，简单的资源配置标准可以根据经营目标来确定。比如，根据公司的销售目标和市场份额，可以根据比例模型直接给出资源承诺。这种简单的标准可以帮助公司快速制定预算，并确保资源的合理分配。然而，这种简化的标准可能忽视了其他影响经营目标达成的因素，导致资源配置不够全面和精准。

另一方面，复杂的资源配置标准则需要明确经营目标达成的各项驱动因素。

这意味着需要对公司内外环境进行全面的分析，包括市场需求、竞争对手、技术创新等方面的因素。在明确这些因素后，还需要进一步细分每项因素的动因，确定每个因素对经营目标的影响程度。最终，从经营计划的角度来设立资源配置标准，确保预算制定的全面性和科学性。

然而，无论是简单的还是复杂的资源配置标准，都面临着一个共同的难题，即资源配置的过程往往会成为一个谈判的过程。这是因为不同部门、不同业务线之间对资源的需求往往存在差异，各方会为了争夺有限的资源而展开拉锯战。这种谈判往往缺乏逻辑和客观性，容易导致资源配置的不公平和不合理。

为了避免资源配置过程中的拉锯战，有必要建立一个公正的决策机制。可以通过设立一个专门的预算委员会或者采用一个客观的评估指标来实现。预算委员会由公司的高层管理人员和各业务部门的代表组成，他们可以根据公司的整体利益做出资源配置的决策。而采用客观的评估指标则可以基于数据和事实，避免主观因素导致的不公平。

综上所述，资源配置标准的形成并不容易，但它至关重要。简单和复杂的标准各有利弊，需要根据实际情况选择合适的标准。为了避免资源配置过程中的拉锯战，应该建立公正的决策机制，并采用客观的评估指标来确保资源的合理配置。只有这样，预算才能真正成为一项有效的管理工具，为企业的发展提供有力支持。

### 3. 资源配置的效率问题

资源配置的效率一直是企业预算管理活动中令人头疼的问题，这主要是因为预算的全过程中存在太多的博弈。很多公司从九、十月份开始启动预算编制工作，直到来年的三、四月才完成预算的定稿。在这个漫长的过程中，各个部门和业务线之间不可避免地会出现各种分歧和争议，导致预算的制定和落实都变得复杂而耗时。

而在月度的资源配置活动中，如果缺乏高效的系统支持，那么许多公司就难以做到精细化的月度资源配置管理。在这种情况下，月度预算往往成为年度预算下简单的"按月分解"，只是将年度预算按比例平均分配到各个月份，而缺乏对具体月份的根据实际情况进行调整和优化的能力。

为了解决这个问题，公司需要采用高效的系统支持来实现精细化的月度资源配置管理。首先，公司可以投资建立一个集成的预算管理系统，通过该系统可以进行全面的预算制定、执行和监控。这样可以实现各个部门和业务线之间的协同工作，提高资源配置的效率和准确性。其次，公司可以利用大数据和智能分析技术，对各项经营数据进行深度分析，提供决策支持和预测能力，从而更加科学地进行资源配置。

除了系统支持外，公司还需要建立一个高效的沟通和协调机制。预算团队应该定期与各个部门和业务线进行沟通，了解他们的实际需求和资源状况，并根据实际情况灵活地调整和优化资源配置。另外，公司可以设立一个专门的预算委员会，由高层管理人员和各业务部门的代表组成，负责审批和监督预算的执行情况，确保各个部门和业务线之间的资源配置公平而合理。

综上所述，资源配置的效率问题在企业预算管理活动中是一个重要的挑战。为了解决这个问题，公司需要投资建立高效的预算管理系统，利用大数据和智能分析技术进行科学的资源配置。同时，建立一个高效的沟通和协调机制，与各个部门和业务线保持良好的沟通，确保资源的公平分配和合理利用。只有这样，公司才能实现精细化的月度资源配置管理，为企业的发展提供更有力的支持。

## 三、大数据技术对资源配置的作用

在面对资源配置的难题时，许多公司一直在寻找解决方法，并逐渐完善了预算管理的理论、方法和工具。在信任关系方面，一些公司尝试通过签订绩效承诺书来保障契约关系。这样的承诺书可以明确部门和个人在资源配置方面的责任和目标，增强各方之间的信任和合作。

一些公司采用了设定模型的方法来总结预算标准。通过建立相应的模型，将经营目标和各项驱动因素进行量化，从而确定合理的资源配置标准。这种方法可以减少主观因素的干扰，提高资源配置的科学性和公正性。在资源配置流程方面，通过建立预算编制系统可以优化编制流程。这样的系统可以将预算编制的各个环节进行整合和自动化，减少了人工操作的烦琐性和错误率，提高了编制效率和准确性。同时，该系统还可以提供实时的数据分析和监控功能，帮助公司及时调整资源配置策略。

然而，我们也必须认识到，在传统方式下对资源配置管理的优化终将遇到瓶颈，要实现突破，需要找到新的契机。而大数据恰恰为此提供了巨大的机会。

下面总结大数据技术的应用对企业资源配置起到的作用。

### 1. 根据热点及时调整资源投放

热点驱动是指在保持经营目标相关性的前提下，根据吸引眼球和热度的地方，以及资源需求的地方，进行资源的投放。然而，在传统财务模式下，要实现这一点常常很困难。仅凭借我们对市场的经验感知是无法进行有效的管理决策的。大数据技术为解决这一问题提供了新的可能性。通过这套先进的大数据算法和编制方法，我们能够更好地进行资源配置和决策管理。

（1）分析战略热点

要想更好地进行战略与资源配置，就必须更清晰地理解战略。战略是企业或组织为实现长期目标而制定的规划和行动方针，它涉及到资源的分配、市场的定位、竞争的优势以及未来的发展方向等多个方面。只有深入理解战略，才能确保资源得到最优配置，从而实现企业或组织的长期成功。更清晰地理解战略是进行战略与资源配置的关键。通过明确战略目标、分析内外部环境、确定战略重点、制订实施计划、建立反馈机制以及培养战略思维等方面的努力，可以提升企业或组织的战略执行力和资源配置效率。

（2）开发隐藏的经营热点

在确定了战略热点之后，我们仍然面临着有效进行资源配置的难题。如果在这个阶段引入大数据分析，可能会改变传统的资源配置模式。战略热点是大数据分析的基础，我们可以构建两种热点分析模型来解决资源配置问题。在被动模型下，企业需要主动设计经营热点，基于战略热点进行分析，并利用内外部的大数据，对经营热点与战略热点的关联热度进行分析。这样，企业就可以更准确地了解不同经营热点与战略热点之间的关系，从而更有针对性地进行资源配置。

在主动模型下，企业需要以战略热点为出发点，利用内外部的大数据，发现与战略热点相关的市场热点，并将这些高度相关的市场热点纳入经营热点中。通过这种方式，企业可以更全面地了解战略热点与市场热点之间的关联，进一步细化资源的配置。

通过引入大数据分析，我们可以更精准地进行资源配置和决策管理。大数据分析可以帮助我们深入理解战略热点和市场热点之间的关系，从而从更全面的角度进行资源的配置。这些热点分析模型的应用将帮助企业更好地发现和利用与战略目标相关的热点，进一步优化资源配置，提高经营绩效。

（3）围绕热点进行有效的资源投放

通过热点分析，我们可以建立一个以战略热点为中心的地图，将经营热点辐射出来，并以这个地图的辐射半径为依据进行资源配置。根据资源的稀缺性和需求的紧迫性，可以确定靠近圆心的经营热点需要优先获得资源的原则，避免出现先到先得和资源抢夺的情况。

在资源配置中，将战略热点作为圆心，从圆心开始向外辐射的经营热点需求逐渐减弱。这种辐射地图的构建可以帮助企业更清晰地了解不同经营热点之间的优先级和资源需求的紧迫程度。靠近圆心的经营热点通常具有更高的战略重要性和市场竞争力，因此需要更多的资源支持。而离圆心较远的经营热点则相对较低优先级，需要相应减少资源投入。

这样的资源配置方式，可以避免资源配置中的不公平和资源浪费现象出现。经营热点辐射地图可以帮助企业在资源有限的情况下，合理地分配资源，确保优先满足战略热点的需求。这样，企业能够更有效地运用有限的资源，提高资源配置的效率和准确性。

需要注意的是，资源配置并非仅仅依赖于经营热点与战略热点之间的距离和优先级。在实际的资源配置过程中，还需要考虑其他因素，如资源可行性、成本效益、市场趋势等。综合考虑这些因素，才能实现更全面、合理的资源配置。

（4）资源利用模式的优化

第一种资源利用的模式，是先实施再验证目标是否达成，它建立在管理者对执行者的信任基础上。这种方式在一定程度上能够提高执行者的积极性和责任心，因为他们知道只有达成目标才能获得资源支持。然而，这种方式也存在着一定的问题，因为一旦承办的经营目标未能达成，管理者会有损失，这可能引发管理者对执行者的怀疑和不信任。而且，如果没有严格的目标评估和监督机制，执行者可能会滥用资源，导致浪费和效率低下。

第二种方式则是管理者要求执行者先自己拿出资金进行事务操作，只有在事情成功后才能报账。这种方式可以一定程度上避免资源浪费和滥用，但对执行者来说并不公平，因为他们需要先承担风险和成本。这很容易导致执行者的动力不足，对项目的投入和创新意愿不高，最终可能影响事务的质量和效果。

可以看出这两种方式在企业的资源配置执行中都存在着一定问题，在这种情况下，我们引入经营热点并将其作为资源投放的依据，可以在一定程度上解决信任问题。经营热点是指当前市场上受欢迎和追逐的经营领域或产品。通过对市场趋势和需求的分析，管理者可以根据热点项目提供资源支持，将资源投放到最有潜力、最可能获得成功的项目上。这样一来，管理者可以更有信心地将资源交给执行者，并通过严格的目标评估和监督机制来确保资源的有效利用。

使用经营热点作为资源投放的依据有以下几个优势：首先，经营热点所依据的市场需求和趋势是客观存在的，因此资源的投放更具有针对性和前瞻性，可以有效提高项目的成功率。其次，经营热点也可以激发执行者的积极性和创新能力，因为他们知道只有在抓住市场热点的时候，才能获得更多的资源和支持。因此，使用第一种方式进行资源兑现就会更可行且合理。

总结起来，两种方式都存在一定的问题，但引入经营热点作为资源投放依据后，信任问题在一定程度上得到了解决。这样一来，不仅可以更有效地利用资源，提高项目的成功率，还能激发执行者的创新和动力。因此，在实践中，合理选择和结合这两种方式，可以更好地实现目标和充分利用资源。

### 2. 对资源配置的效果展开相关性分析

在预算分析阶段，大数据不仅可以发挥重要作用，还可以帮助我们评估和理解各个项目之间的达成关系。传统的预算分析方法很难准确评估每个项目与经营目标之间的关联性，这使得在进行绩效评估时很难做出准确的判断。通常情况下，如果业绩超出了预先设定的考核目标，人们会认为所有相关的支出都是值得的；相反，如果未能实现考核目标，所有相关的支出可能都会受到质疑。

在实际情况中，通过大数据分析，我们可以更好地了解到在所用掉的资源中，有些对经营目标起到了正面作用，而有些则产生了副作用。无论最终的考核结果如何，这些正面作用和副作用都是存在的，只是各自所占的比例可能有所不同。

引入大数据来辅助预算分析可能会改善情况。通过构建模型，我们可以尝试建立各项可项目化的资源投入与经营结果之间的量化关联度指数。这不仅仅是简单的建立一个数学模型，而是需要将所有项目进行元数据化，并将经营结果也元数据化，同时建立起项目元数据与经营结果元数据之间的关系网络。我们需要监测这个关系网络中每个项目发生资源投入时，经营结果的变化强度，最终将这些变化强度总结为关联度指数。有了这样一个指数，我们就能够准确评价资源投放的效果。在这种情况下，我们能够更好地积累经验，更有效地评估绩效，并优化未来的资源投放策略。

大数据分析可以帮助我们量化和分析在项目执行过程中不同资源所发挥的作用。通过对大量的数据进行统计和分析，我们可以识别出哪些资源对经营目标的达成起到了积极作用，例如增加了销售额、提高了产品质量等。同时，我们也可以发现哪些资源可能产生了负面效应，例如浪费了资金、造成了资源浪费等。这样一来，在进行预算分析时，我们可以更加全面地评估各个项目的绩效和效果，避免一味地将所有相关支出归结为成功或失败。

基于大数据分析的预算分析可以帮助管理者更加客观地评估项目的绩效和效果，并为经营决策提供更准确的参考。通过了解资源的正面作用和副作用，管理者可以更好地优化资源配置，改善经营决策，提高整体绩效。此外，大数据分析还可以帮助我们发现潜在的问题和机会，以更好地实现目标。

# 第6章　财务共享服务的技术支持

## 6.1　财务共享的概念、模式和功能

### 一、财务共享的概念解读

财务共享服务是共享服务在财务领域的应用和推广，是一种全新的运营管理模式。它将不同组织或部门的财务能力和流程整合到一个独立或半独立的机构中，为集团公司的内部客户提供专业、高效的财务服务，同时降低集团财务管理成本，创造新的利润点。这个机构就是财务共享服务中心。

当企业面临规模扩大、业务流程复杂等问题时，采用共享服务理念，尤其是财务共享服务，可以提高服务质量、降低成本、提高效率，为企业创造新的价值。

财务共享服务是一种新型的财务管理模式，它的出现为企业带来了许多优势。以下是财务共享服务五个显著特点：

1. 技术依赖性：在财务共享服务中心，先进的、高效的信息通信技术和软件系统起到了至关重要的作用。这些技术能够提高财务管理的效率，减少人工操作的错误，同时也能够提供实时的数据分析和决策支持，帮助企业做出更为明智的决策。

2. 规模经济：财务共享服务中心通过整合企业内部的各类业务活动，无论这些活动原本是多么协调或迥异，都能形成规模经济。这样一来，企业就能够降低交易成本，提高资源利用效率，从而获得更大的经济效益。

3. 专业化：财务共享服务中心的员工具备强大的专业能力，他们可以为客户提供高质量、高效率的专业化服务。这种专业化服务不仅能够帮助企业优化

财务管理，提高财务运营效率，还能够增加企业的经济价值。

4. 服务导向：财务共享服务中心以服务客户为首要目标，中心的所有工作都围绕着客户需求展开。中心会根据客户的需求提供多样化的服务，包括但不限于财务规划、报表编制、数据分析等，以提高客户满意度。

5. 统一性：当企业集团建立财务共享服务中心后，中心会遵循统一原则，建立统一的操作模式、流程和标准。这样做的好处在于，它可以提高业务处理效率，简化操作流程，降低出错率，从而降低成本。

总的来说，财务共享服务通过技术依赖性、规模经济、专业化、服务导向和统一性这五个特点，为企业创造了更高的经济价值，提高了业务处理效率，降低了成本，成为了现代企业财务管理的一种重要趋势。

## 二、财务共享服务的三大模式

财务共享服务的模式主要有三种，分别为"全域中心""区域中心"和"专长中心"。以下是对这三种模式的介绍：

1. 全域中心：全域中心是一种集中管理企业全部财务业务的共享服务模式。在这种模式下，企业将各个部门或分支机构的财务业务统一汇总到共享服务中心进行处理。全域中心可以实现对财务业务的全面掌控，提高财务管理效率，降低成本。同时，全域中心能够为企业提供更全面、准确的财务数据，有助于企业制定更为明智的战略决策。

2. 区域中心：区域中心共享服务模式侧重于将地理位置相近的部门或分支机构的财务业务进行整合。这种模式可以有效减少重复劳动，提高业务处理效率。区域中心可以根据不同区域的经济环境、税收政策等因素，为企业提供有针对性的财务管理建议，促进企业在该地区的业务发展。

3. 专长中心：专长中心聚焦于企业财务业务中的某一特定领域，如税务、报表编制、审计等。专长中心通过积累和发挥专业优势，为企业提供高质量、高效率的专业化服务。这种模式有利于企业将财务管理的复杂业务外包，从而降低成本、提高运营效率。同时，专长中心可以为企业在特定领域的财务业务提供专业指导，帮助企业遵循法规要求，降低风险。

财务共享服务的三种模式各有侧重，企业可以根据自身需求和业务特点选择合适的模式。实施财务共享服务，企业可以实现财务管理的高效运作，降低成本，优化资源配置，从而提高整体竞争力。

# 6.2　RPA 模式在财务管理中的应用

## 一、RPA 与财务共享、财务转型的关系

财务转型、财务共享和财务机器人之间存在"面—线—点"的关系。财务转型即为"面"，意味着企业财务部门在财务战略、职能定位、组织结构、人力资源、操作流程和信息技术等方面的全面革新。通过梳理财务职能，逐步形成四位一体的财经管理模式（包括公司层面控制管理的战略财务、全价值链财务管理支持的业务财务、以交易处理为主的财务共享及拥有财务核心能力的专家团队），以支持企业转型。

财务共享服务即为"线"，通过观念再造、流程再造、组织再造、人员再造、系统再造，将分散在各个业务单位、具有高重复性和标准化程度的财务业务集中到财务共享服务中心处理，实现降低成本、提高效率、优化服务质量及加强集团内部风险控制等目标。财务共享为财务转型提供数据基础、管理基础和组织基础，是财务转型的第一步，同时也为财务机器人的运行创造了有利环境和运行基础。

财务机器人则是"点"，在财务共享服务中心流程节点上实现技术应用和优化。财务共享服务中心拥有大量具有明确规则的标准化流程，为财务机器人提供了广阔的发展空间。反过来，财务机器人的应用显著提升了财务共享服务中心的服务效率和服务质量，将财务人员从大量、重复且机械化的工作中解脱出来，使其能够专注于更具价值和创造性的任务，从而推动企业财务转型。

## 二、RPA 技术的功能和特点

机器人流程自动化（RPA）技术是一种数字化支持智能软件，也被称为数字化劳动力。它通过用户界面技术执行基于规则的可重复任务，为企业和组织提供高效、智能的支持。

从功能角度来看，RPA 能够处理重复性任务并模拟手工操作，其主要功能

包括：数据检索与记录、图像识别与处理、平台上传与下载、数据加工与分析以及信息监控与产出。具体来说，RPA可以跨系统进行数据检索、迁移和录入；通过光学字符识别技术（OCR）识别并审查分析文字；按照预设路径上传和下载数据，实现自动接收与输出；进行数据检查、筛选、计算、整理和校验；以及模拟人类判断，实现工作流分配、出具标准报告、基于明确规则决策和自动信息通知等功能。

与传统软件相比，RPA具有多项优势，包括：机器处理能力，可以实现$7 \times 24$小时不间断工作，提高工作效率；基于明确规则，代替人工进行重复、机械性操作，易于研发和维护；以外挂形式部署，不改变企业原有的IT结构；模拟用户操作与交互，如复制、粘贴、鼠标点击和键盘输入等。

目前，众多企业在办公领域已经采用RPA来替代烦琐的日常流程。RPA适用于财务、采购、供应链、客户服务等职能领域，以及金融、保险、零售等行业领域。财务机器人则是RPA技术在财务领域的具体应用，它针对财务业务和流程特点，实现自动化替代手工操作，协助财务人员完成交易量大、重复性高、易于标准化的基础业务，从而优化财务流程，提高业务处理效率和质量，降低财务合规风险，将资源更多地投入到增值业务中，推动财务转型。

# 三、RPA的使用流程和使用场景

财务共享服务中心的许多流程符合财务机器人的适用标准，可以利用财务机器人提高工作效率，降低错误率，并实现财务业务的自动化处理。下面一一介绍RPA的使用流程和使用场景。

## 1. 费用报销

费用报销流程是财务共享服务中心最常见的工作环节，也是财务机器人广泛应用的领域。以下是费用报销流程中几个关键步骤的详细说明：

（1）报销单据接收：财务机器人能自动识别、分类汇总和传递来自各种渠道的发票和单据，并生成报销单，进而启动审批流程。

（2）费用报销与智能审核：财务机器人根据预设的审核规则，对报销单进行逻辑审核，如发票查重、预算控制、报销标准审查等，将审核结果记录并反馈。

（3）自动付款：经过审核通过的报销单会自动生成付款单，付款单进入待付款中心，财务机器人按照付款计划进行付款操作。

（4）账务处理与报告：付款单根据记账规则自动生成凭证，并进行自动提交、过账，最后生成账务报告，向管理层汇报。

### 2. 采购流程

在采购到付款的全过程中，实现供应商管理、对账、发票处理及付款的无缝连接成为关键环节。其中，财务机器人在这部分流程中发挥了重要作用。

首先，财务机器人能周期性地记录和结转标准记账分录，确保账务处理的准确性。其次，针对关联交易，财务机器人能依据子公司的交易信息进行合理处理。此外，财务机器人还能自主完成数据汇总、合并抵销、邮件数据催收、系统数据导出及处理等工作，并自动生成模板化的单体报表。

在此基础上，财务机器人可以进一步出具合并报表。它从系统中导出数据，根据规则完成汇率数据和当月境内外合并数据的处理与计算，计算出余额并检查结果。随后，财务机器人催收子公司报送数据并进行汇总，根据抵销规则生成合并抵销分录。最后，根据生成的数据，财务机器人形成当月合并报表。

### 3. 资金管理

在企业的资金管理流程中，财务机器人能够高效地执行一系列具体子流程。

在银企对账环节，财务机器人获取银行流水和财务数据，然后对银行账和财务账进行自动核对，并生成银行余额调节表，以确保账务数据的准确性。现金管理环节中，财务机器人根据预设的现金上划线，执行现金归集和现金计划等信息采集与处理。通过引入智能算法，机器人能按照预设的规则，根据支付方式、支付策略、支付金额等多个因素，计算出最优化组合，以完成资金安排。同时，财务机器人还会实时监控资金收支，帮助企业集团全面掌握集团资金状况。在收付款处理环节，财务机器人能根据订单信息和供应商信息，自动完成款项的收取和支付。此外，在支付指令发出后，财务机器人能自动查询银行返回的支付结果，并通过邮件向相关人员反馈查询结果。

### 4. 税务管理

税务管理是财务机器人运用较为成熟的领域，涵盖了自动纳税申报、涉税信息校验、增值税发票开具及验真等多个子流程。

在纳税申报准备环节，财务机器人会自动登录账务系统，批量导出财务数据、增值税认证数据等税务申报所需的基础数据。这些数据为后续纳税申报提供了业务基础。

接下来，财务机器人会获取事先维护好的企业基础信息，用以生成纳税申报表底稿。在这个过程中，涉税数据核对校验至关重要。财务机器人会根据设定好的规则调整税务差异项，并利用预置的校验公式对报表进行校验，确保数据的准确性。

在纳税申报环节，财务机器人会根据特定逻辑将工作底稿自动生成申报表，并在税务系统中自动填写纳税申报表。与此同时，涉税账务处理及提醒也是不可或缺的环节。财务机器人会根据纳税、缴税信息完成系统内税务分录的编制，自动进行递延所得、资产或负债的计算，完成系统内的记账。此外，财务机器人还会通过邮件提醒相关责任人，确保涉税事务得到及时处理。

在增值税发票开具环节，财务机器人会基于现有待开票信息，操作专用开票软件开具增值税普通发票和增值税专用发票。为确保发票的真实性，财务机器人还会进行发票验真。它可以根据发票票面信息自动校验发票真伪，并将增值税发票提交到国税总局查验平台进行验证和认证。最后，财务机器人会将验证结果反馈和记录，以确保企业使用的发票合法有效。

除纳税申报外，财务机器人在其他重复性较高、业务量较大的流程中也有广泛应用，如订单到收款、固定资产管理、存货到成本等。借助预先设置的模型，财务机器人还能为预算管理、绩效管理、管控与合规等依赖人为判断的流程提供决策参考。

综上所述，财务机器人的应用不仅减少了企业的人力投入，降低了风险，还能高效支撑业务发展和经营决策。通过财务机器人的帮助，企业可以实现流程自动化，提高工作效率，确保数据的准确性，从而提升企业的竞争力。

## 四、RPA 给财务人员带来的影响

财务机器人的广泛应用对财务工作方式和财务人员的观念产生了深远影响，推动了财务组织架构的变革，同时也提高了对财务人员素质和技能的要求。

财务机器人的应用使得基础财务人员的比重进一步减少，更多的财务人员开始从事公司经营支持和决策支持工作。他们的工作内容也变得更加具有挑战性，不再只是进行基于规则的重复判断，而是将更多的精力投入到流程优化、业务监控和数据分析中。财务人员的工作内容也发生了变化，他们不再只是执行记账、数据备份等基础工作，而是开始负责报告生成、流程优化、内部控制、业务管理、数据运维等工作。他们需要对运营团队提供一线支持，并定期生成报告，对报告进行解释和说明。财务机器人的应用不仅改变了财务工作的方式，也提高了对财务人员的要求，使他们需要不断提升自己的素质和技能，以适应新的工作环境和要求。

财务机器人以及其他新兴技术的应用，催生了财务人员角色的转变。展望未来，我们迫切需要更多具备深厚数据分析和预测能力、广泛跨职能部门知识，以及擅长与业务部门搭建协作关系的复合型人才。财务人员不仅需要在会计领域游刃有余，还要熟练掌握技巧，对信息技术有深入理解，并能洞察业务发展趋势。此外，他们还需具备战略眼光，以便更好地参与企业商业模式的创新规划与实施。

在这样的背景下，财务人员需要不断提升自身能力，为企业提供更具有洞察力的数据分析，推动企业新业务布局和数字技术的应用。为适应这一变化，财务人员应积极寻求自我转型与再造，重新审视并重构财务理念与知识体系。这样才能紧跟时代步伐，满足企业发展的需求。

# 6.3　会计引擎在财务共享中的应用

会计引擎作为一种数据处理器，起着至关重要的桥梁作用，连接着业务数据库与财务应用系统。它的核心任务是将业务信息经过高效、精确的自动化处理，转化为包含复式会计分录的规范化记账凭证。这一过程实现了交易明细与会计总账的紧密关联，为业务与财务的深度融合提供了有力保障。

会计引擎内置了精细的核算规则，使得业务数据在经过处理后，能够准确无误地转换为会计信息。这种高效、精确的处理方式不仅减轻了财务人员的工作负担，还大大提高了财务数据的准确性。通过会计引擎，业务与财务之间的数据传递更为顺畅，为企业决策提供了更为精准的依据。

会计引擎在实现业务与财务高度融合的过程中，还具有其他优势。例如，它可以帮助企业实时监控业务状况，及时发现并解决问题，从而降低企业风险。此外，会计引擎还可以为企业提供丰富的数据分析功能，助力企业优化业务流程、提高运营效率。

# 一、会计引擎的原理与应用

会计引擎可以理解为一个数据转换器，位于业务系统与财务系统之间。业务系统位于前端，负责收集并整理企业的业务数据。通过数据接口，业务系统将所需的数据传递给会计引擎，实现业务信息的输入。

会计引擎位于中端，它内置了特定的转换规则。当接收到的业务数据经过这些规则的指引后，会计引擎会自动将其转化为预制记账凭证。这一过程实现了业务数据向财务信息的初步转换。财务系统位于后端，负责审核预制记账凭证。在审核无误后，这些预制记账凭证将转化为正式记账凭证，从而完成财务信息的输出。这一流程确保了财务数据的准确性和可靠性。

会计引擎的基本原理可以概括为：业务系统收集数据，通过数据接口传递给会计引擎；会计引擎根据内置的转换规则，将业务数据转化为预制记账凭证；最后，财务系统审核并确认预制记账凭证，将其转化为正式记账凭证。

会计引擎在业务系统与财务系统之间起到了数据转换的作用，帮助企业实现业务信息向财务信息的顺利过渡。通过这一过程，企业可以更为便捷地管理和分析财务数据，为决策提供有力支持。在未来，会计引擎将继续发挥重要作用，助力企业实现财务管理的智能化和高效化。

## 1. 智能会计引擎

传统的会计引擎通常分布在企业内部的各种财务系统和业务系统中，其应用范围相对有限。然而，随着大数据、人工智能、云计算和区块链等新技术的不断涌现和发展，会计引擎的发展将面临前所未有的机遇。

在这些创新技术的推动下，智能会计引擎正逐步克服实际设计过程中的难题，迈向智能化。智能会计引擎将更好地实现业务与财务的深度融合，将业财融合推向新的高度，从而驱动企业完成数字化转型。

（1）独立性优势

智能会计引擎具有高度的独立性。经过智能化重塑的会计引擎不再局限于分散的模块或子系统，而是转变为一个独立的、开放式的统一平台。一端连接企业所有的业务系统，负责接收业务数据；另一端连接企业的财务系统，负责输出记账凭证。这样一来，企业的业务端与财务端紧密地串联起来，形成一个完整的链条。

传统的会计引擎由于建立时间上的差异，往往难以遵循统一的技术标准。这些参差不齐的信息转换质量导致会计引擎的维护、优化难度不断增加，甚至可能为企业带来风险。而智能会计引擎以统一化独立平台的形式存在，不仅能够降低维护、优化的难度和潜在风险，还能迅速成为新生业务系统与财务系统之间的纽带。

（2）灵活性优势

智能会计引擎具有强大的灵活性。一方面，智能会计引擎能够适应不同的业务场景，并针对性地定义转换规则，使所有需要生成记账凭证的业务场景实现系统化。另一方面，智能会计引擎可以根据不同企业的需求定制个性化的转换规则，满足企业业财融合的需求。

（3）可追溯性优势

智能会计引擎具有高度的可追溯性。它能够在设计过程中预留追溯业务信息的机制及线索，满足业财核对、审计的要求。此外，如果能够应用区块链技术在业务系统和财务系统之间建立分布式底账，就有助于提升智能会计引擎的可追溯性。

智能会计引擎凭借其独立性、灵活性和可追溯性等优势，为企业带来了更高效、更智能的财务管理解决方案。随着大数据、人工智能等新技术的不断发展和应用，智能会计引擎将逐步实现智能化，为企业带来更高效、更智能的财务管理解决方案。

随着新技术的不断发展和应用，会计引擎将逐步实现智能化，为企业带来更高效、更智能的财务管理解决方案。这将有助于企业把握数字化转型的发展趋势，实现业务的可持续增长。在这个过程中，企业应积极拥抱新技术，不断优化会计引擎，以满足日益变化的市场需求。

### 2. 财务共享中的会计引擎

会计引擎作为一种新兴的业财对接工具，在企业业财转型的过程中与财务共享相辅相成。财务共享服务中心主要负责管理业财流程，将应收、应付、费用报销等标准化财务流程接入共享平台，从而规范集团内成员单位的财务流程，降低各分支机构人员上的重复投入。

会计引擎则专注于核算规则的统筹管理，规范集团内的财务核算口径。同时，会计引擎还能降低各个系统凭证规则维护的压力。通过这两者的协同作用，企业能够更好地在财务共享中实现业财流程的高效管理，提升财务管理水平。

由此可见，会计引擎与财务共享服务中心在企业业财转型过程中发挥着重要作用。它们共同帮助企业优化财务流程，降低成本，提高效率，实现业务的可持续发展。在未来，随着新技术的不断发展和应用，会计引擎与财务共享服务中心将更加紧密地结合，为企业带来更高效、更智能的财务管理解决方案。

## 二、机器学习与智能会计引擎

### 1. 机器学习为智能会计引擎打下技术基础

人工智能的众多分支之中，机器学习独树一帜，其应用领域广泛，涵盖了医疗、金融、电子商务等多个行业。其工作原理与人类大脑相似，即通过归纳经验来获取规律，并利用这些规律进行未来预测。在机器学习的过程中，可分为两个主要阶段：训练和预测。

训练阶段的核心任务是让计算机系统对存储其中的历史数据进行处理，这种方式采用了机器学习算法。在处理过程中，计算机系统会逐渐形成一个特定的模型。这个模型就如同人类大脑中的经验规律，是我们接下来进行预测的依据。进入预测阶段，我们将新的数据输入到这个模型中，模型会在其指导下产生相应的结果。这个结果就如同人类大脑根据经验规律预测的未来情况，为我们提供了一定的参考价值。

值得注意的是，机器学习的一个基本原理是：用于训练的数据量越大，训练的次数越多，所产生的模型就越精确。因此，当我们使用这个模型进行预测时，其结果就更有说服力。这就好比人类大脑，随着经验的积累，我们对未来的预测能力也会越来越精准。

机器学习技术在众多领域中发挥着重要作用，如今也在财务领域展现出了强大的潜力。它助力财务会计引擎实现智能化，使其转变为高效、精准的工具。财务会计作为会计领域的核心分支，其工作内容的智能化改革备受期待。

机器学习在财务会计领域的应用，主要集中在记账凭证的智能化生成方面。借助机器学习技术，财务会计引擎得以在大量带有标签的数据训练下，不断提升自身的性能。通过引入基于机器学习的智能财务会计引擎，企业在很大程度上能解决财务人员长期以来面临的重复性手工记账问题。这将使企业的会计核算工作实现质的飞跃，提升工作效率，减轻财务人员的工作负担。同时，智能化的财务会计引擎还能确保数据的精确性，有助于企业更好地管理和控制财务风险，为企业的可持续发展提供有力支持。

机器学习技术在财务会计领域的应用，将极大地推动会计工作的智能化进程，提升会计工作的效率和质量。为企业带来便捷、高效、精确的财务管理体验。概括而言，机器学习对于智能会计引擎的主要功能在于如下两个方面：

（1）智能提取业务信息

智能财务会计引擎的核心功能在于将企业复杂的业务信息转化为结构清晰、易于管理的业务数据。为实现这一目标，引擎的前端与企业的所有业务系统相连，运用图像识别与处理、文字识别与处理等技术，将原始业务信息进行高效处理。

企业可以通过影像扫描技术将纸质原始凭证电子化，或通过网络传输获取电子原始凭证。然后，利用图像识别与处理技术在业务系统内完成对原始凭证的真伪识别、票面核对和分类工作。接下来，将这些原始凭证包含的各项信息转换为固定结构的文字和数据，确保过程中不遗漏任何信息。

智能财务会计引擎能自动提取业务系统内生成记账凭证所需的信息，并在文字识别与处理技术的支持下，将这些信息进行进一步转化。在此过程中，机器学习技术发挥关键作用，通过大量原始凭证的图像和文字，提升业务系统与智能财务会计引擎对业务信息的识别能力。这使得财务人员在记账时无需再基于经验判断手工选择会计科目，从而在最大限度上实现自动化记账，提高记账效率和准确性。值得注意的是，在识别业务信息这一步骤中，采用的机器学习算法主要是监督式学习。因此，必须对输入业务系统的原始业务信息与智能财务会计引擎提取的处理后的业务信息进行标记。

以 A 企业为例，当 A 企业在 2019 年 7 月 1 日向 B 企业购买材料 C 用于生产加工，并取得 B 企业开具的增值税专用发票时，需对发票号码、开票日期、购买方信息、销售方信息与货物或应税劳务（服务）信息进行标记，同时注明付款方式。标记后的增值税专用发票将被分类至采购系统，并在采购系统内由图像转换为文字和数据。

在将文字与数据形式的材料采购信息传输至智能财务会计引擎之前，同样需对这些采购信息进行标记。根据开票日期指明记账日期为 2019 年 7 月 1 日，根据购买方信息、销售方信息、货物或应税劳务（服务）信息与付款方式，指明应记账的会计科目（如"原材料——C材料"）、应交税费［如"应交增值税（进项税额）"］以及贷方会计科目（如"银行存款——D账户/库存现金/应付账款——B企业"等），同时指明相应会计科目的发生额。

通过以上步骤，智能财务会计引擎将企业的业务信息高效转化为结构清晰、易于管理的业务数据，从而提高财务管理效率和准确性。

（2）优化记账凭证的转换规则

在快速、准确地识别和提取记账所需的业务信息之后，智能财务会计引擎的下一步工作是根据特定规则将这些业务信息转换为预制记账凭证。预制记账凭证的生成需要明确记账日期、应记账的会计科目及相应的发生额等核心要素。

在传统财务会计引擎中，生成预制记账凭证的过程通常依赖于财务人员的经验判断和手工操作，重复性较高。然而，采用监督式学习算法的智能财务会计引擎能够通过大量标签化业务数据的训练，并根据不同的业务类型和场景制定相应的转换规则。因此，当接收到新的业务信息时，智能财务会计引擎能在已有转换规则的指导下迅速生成预制记账凭证。

随着训练标签化业务数据量的增加，智能财务会计引擎内嵌的转换规则将不断进行动态调整和优化完善。这将大大提高企业会计核算工作与相关业务的同步性和协同性，为实现业务与财务的深度融合提供有力支持。

## 2. 机器学习在智能管理会计引擎中的应用

机器学习在管理会计引擎智能化改进方面的关键作用在于，它不仅会利用结构化程度较高的财务数据，还会使用半结构化和非结构化特征突出的非财务数据。同时，数据来源也由企业内部扩展至企业外部。这样的改进将进一步提高管理会计在经营预测、决策支持和风险管控三个方面的能力，使改进后的智能管理会计引擎成为真正有效的智能化管理工具。

简而言之，机器学习技术使得管理会计引擎能够充分利用各类数据，提高预测、决策和风险管控能力，从而成为企业在复杂经营环境中实现智能化管理的得力助手。将机器学习应用于智能管理会计引擎中，可以在以下三个方面获得显著提升：

（1）优化经营预测效果

经营预测，简而言之，就是企业在历史数据和现有信息的基础上，根据自身的经营方针和目标，对未来的经营活动趋势进行预测和推断。这种预测主要包括四个方面：销售预测、成本预测、利润预测和资金预测。经营预测的准确性对于制定有效策略至关重要。

为了提高经营预测的准确性，企业需要深入挖掘信息。首先，在信息的广度上，企业应该全面涵盖宏观市场环境、中观行业环境以及微观企业环境这三个层面。这意味着，企业在预测国家政策、行业趋势、竞争对手优势和劣势，以及了解供应商、客户和自身发展状况等方面，都需要具备敏锐的洞察力和判断力。

其次，在信息的深度上，企业需要对上述三个层面的信息进行深入研究。在遵循成本效益原则的前提下，尽可能关注更多细节。这样一来，企业就能更好地应对行业内外部环境的快速变化，虽然无法实现绝对准确的经营预测，但能提高预测的相对准确性。

在机器学习技术的支持下，智能管理会计引擎可以获取更多、更丰富的有效信息。当经营环境发生变化时，这些信息有助于提高经营预测模型的相对准确性，从而为企业决策提供可靠依据。

（2）优化决策支持

决策支持是管理会计的核心职能之一，主要通过决策支持系统来实现。这个系统为决策者提供了一个平台，帮助他们分析问题、制定解决方案并模拟方案的实施。在半结构化和非结构化决策过程中，决策支持系统起到了关键作用。它帮助决策者运用数据、知识和模型来解决定性或定量问题。

随着数据处理技术的不断更新，数据已经成为决策知识和决策模型的主要来源。因此，要提高决策水平和质量，就必须获取与决策相关的充足数据，并对这些数据进行深入的整理和分析。智能管理会计引擎作为一种数据分析工具，可以有效地支持决策。

智能管理会计引擎结合了监督式学习和无监督式学习两种机器学习算法，可以有针对性地解决不同类型的决策问题。通过监督式学习算法，处理大量带有标签的数据，生成常规化的决策模型和决策规则，有效应对结构化决策问题，实现决策过程的自动化。另一方面，通过无监督式学习算法，处理大量非标签化数据，挖掘数据内部的内在关联，从而获得特定的决策模型和决策规则。这将为企业中高层管理者提供有效支持，使他们能够结合自身经验判断和个人偏好进行决策。这样一来，半结构化和非结构化决策问题就不会再成为企业决策的障碍。

（3）优化风险控制能力

在企业的发展过程中，难免会遇到各种潜在的风险。这些风险可能会给企业带来巨大的损失。为了降低风险发生的概率或者减小损失，企业需要采取合适的方法和措施进行风险管理，这成为了企业管理的重要内容。

风险管理的过程主要包括四个步骤：风险识别、风险分析、选择风险管控方法以及评价风险管控效果。在这个过程中，智能化管理会计引擎搭载机器学习技术，能够帮助企业更有效地识别和分析风险，及时发现并妥善应对相关风险，从而提高风险管理的效率。

监督式学习算法需要大量的风险事件数据进行训练，这些数据包含了各种风险事件的特征、风险类型和风险等级。通过这种方式，智能化管理会计引擎能够充分了解不同类型、不同等级的风险事件特征。当新的风险事件出现时，引擎能够自动判断其是否为风险事件。

如果是风险事件，智能化管理会计引擎会立即向管理者发出风险预警信号。同时，引擎还会分析并确定风险的类型和等级，帮助管理者制定相应的管控方法和业务流程，将企业的风险控制在合理范围内。利用智能化管理会计引擎和支持机器学习技术的风险管理方法，企业能够更好地应对各种风险事件，确保生产经营和投融资活动的顺利进行。这样一来，企业在面临风险时就能更好地保护自身利益，为实现长期持续发展奠定坚实基础。

# 6.4 电子影像与电子档案在财务共享中的应用

## 一、电子影像系统概述

### 1. 电子影像系统的功能

企业可以通过建设电子影像系统，重新梳理和规划财务共享服务中心的业务，挖掘业务价值，提升管理水平，满足公司财务管理的需求。这个过程需要对企业财务共享服务中心的财务业务进行深入分析，找出潜在的问题和不足，并提出相应的改进措施，从而提高财务共享服务中心的管理效益。

企业还可以通过影像扫描技术，实现财务共享服务中心业务领域的无纸化办公。具体来说，企业可以利用影像扫描技术，将财务、物资、基建等票据支付工作从业务到财务的全过程进行安全管理，实现单据管理的规范化、高效化。通过这种方式，企业可以全面提高单据审批流程的运转效率，实现试点业务的无纸化办公应用，提升财务共享服务中心的运营能力和服务效率，达到规范管理、提高效率、降低成本的目标。

在使用电子影像系统的过程中，企业需要增强系统的扩展性和整体功能的可配置性，这样可以将电子影像功能方便地扩展应用到其他业务系统中，如总账系统、电子档案系统等，实现投资收益的最大化。这个过程需要对系统的功能进行详细设计和规划，确保系统能够满足不同业务场景的需求，从而实现投资收益的最大化。

### 2. 电子影像在财务共享服务中心的使用

财务共享服务是一种将企业集团和各分公司共同、重复、标准化的业务集中处理的方式。为了实现这一目标，影像管理系统应运而生，解决了财务共享集中处理与原始凭证分散产生之间的矛盾。影像管理系统可以支持票据影像的采集、传输、存储和调用，并实时跟踪影像文件和纸质票据的状态和位置信息。

影像管理系统分为两个部分：扫描子系统和影像服务子系统。扫描子系统通常安装在各个分公司的电脑上，通过控制高速扫描仪实现会计资料的影像扫描、图像处理、封面条码识别、发票 OCR 识别、影像自动分组和影像上传等操作。影像服务子系统则负责实物票据和影像票据资料的管理。

采集人员首先将采集的纸质票据进行分类整理，然后通过扫描端将票据扫描并上传至财务共享服务中心。财务共享服务中心负责记录、监控实物票据的接收、内部转移等信息，并通过影像管理中心实现对影像票据资料的审核、浏览、调阅以及相关的统计分析。

总体而言，影像管理系统在财务共享服务中发挥着关键作用，它能够帮助企业实现财务业务的集中处理，提高工作效率，降低成本，并确保财务数据的安全和准确性。接下来我们从影像采集、影像传输、影像存储、影像调用这四个步骤，来对电子影像应用于财务服务中心的具体情况进行分析。

（1）影像采集

影像采集是影像管理系统的数据输入环节。企业集团各分公司首先需要收集和汇总各类原始凭证、发票、报账单、合同等会计资料。这一过程完成后，通过各类高速扫描仪进行静默式扫描，简化复杂的参数设置。影像管理系统能够根据会计资料类型的不同，自动选择合适的扫描仪进行影像识别。

对于原始凭证的影像识别，影像管理系统具备印刷体识别、手写体识别、条形码识别以及 OCR 识别等多种功能。在票据管理方面，影像管理系统运用 OCR 识别技术对发票资料进行扫描，实现自动分析与校验，无需人工干预。

针对企业资金管控，影像管理系统能自动筛选承兑汇票行号和票号，并与央行数据库进行比对，识别假票和废票，从而实现承兑汇票的智能管理。在合同管理方面，影像管理系统运用版面智能分析技术和模式智能匹配技术，仅显示合同的封面、盖章页等关键页面，提升后期审核处理效率，满足企业业务需求。

同时，影像管理系统还对上传影像进行版面分析、特征定位、特征抽取、模式匹配及批次清分，实现电子文件的分组管理。此外，影像管理系统还会采集 Hadoop 平台的 Chukwa、Cloudera Flume 等系统日志数据，以及通过网络爬虫技术从网页中抽取相关信息。

综上，影像管理系统在各个环节发挥着重要作用，从会计资料的收集汇总、影像识别，到票据、资金、合同管理等，为企业提供了一站式的智能化管理解决方案。通过简化操作流程、提高识别准确性以及降低人工干预，助力企业提升工作效率，确保财务数据的安全和准确性。

（2）影像传输

影像传输主要通过 TWAIN 协议、SANE 协议和 1S1S 接口，将已确认无误的影像资料上传至 FTP 服务器。在影像扫描过程中，工作人员首先根据纸质会计资料的分类方式，对采集的影像材料进行归类，确保纸质档案与电子档案的一一对应。

接下来，对扫描或导入系统的影像资料进行初步质检。质检未通过的影像，工作人员可以采取以下两种处理方式：一是直接删除并重新扫描录入；二是进行进一步处理，如裁剪、旋转和纠偏等，以提高影像的可用性。针对重新上传的影像资料，系统能精确控制其业务属性，便于财务人员审核并上传。对于初步质检通过的影像，系统会自动将影像资料与纸质档案关联，并建立相应索引信息，便于后期查找。扫描人员可选择实时上传或定时上传两种模式，同时进行校验码认证，确保上传的影像信息的安全性和准确性。通过以上步骤，企业实现了从采集、质检、上传到关联的全程化管理，提升了工作效率和数据准确性。

（3）影像存储

影像存储技术多种多样，包括磁盘、磁盘阵列、Oracle、DB2、MongoDB、HBase、Hadoop 的 Hive 和 Inpala 等。此外，存储结构可选 Geodatabase 模型和影像分布式云存储。

Geodatabase 模型将正确无误的影像资料分为影像目录和影像数据集。高层影像分类采用影像目录存储，低层分类采用影像数据集。系统首先自动分类存储影像信息，并建立相应的影像管理知识库。知识库包含原始凭证、票据、合同及报账单等元素，以影像目录方式存储。每个元素包含多种详细信息，以影像数据集方式存储。

影像分布式云存储采用集群、分布式文件技术。它不仅能解决海量影像存储问题，还能协同存储设备间的问题。系统通过分布式文件技术存储正确无误的影像资料，并在财务共享服务中心构建不同文件服务器，存储不同时期影像资料的数据信息。这样，系统实现了影像资料的海量存储。

企业可根据需求选择适合的影像存储技术，如磁盘阵列、分布式数据库或云存储等。此外，系统还能自动分类和存储影像资料，构建影像管理知识库。

（4）影像调用

企业集团和分公司通过影像管理系统实现影像信息实时查询和调用。影像管理系统存储了影像资料、来源、获取时间和分辨率等元数据信息。在调用阶段，系统提供影像级别元数据查询和浏览，降低浏览时间，提高查询效率。用户可通过精确、模糊和组合等多种方式获取个性化影像资料。

查询到符合条件的影像后，用户可在财务共享云平台上实时处理，如投影、组合、拉伸、映射渲染等。系统提供两种下载方式：全部原始数据或自定义感兴趣区域。支持桌面客户端、Web APIs 和移动设备访问共享影像。

大数据下影像数据更新频繁，手工单张更新效率低。因此，影像管理系统为企业提供数据加载工具，加快影像数据导入和导出速度，实现了影像信息的高效存储、查询、处理和下载，提高了工作效率，满足了企业对影像资料的需求。

# 二、电子档案系统概述

## 1. 电子档案系统在财务管理中的应用

电子档案系统是一个将公司会计档案纳入系统管理的信息系统，实现了会计凭证和电子影像的自动匹配和分册。它使档案的归档、借阅等过程都在系统内留下记录，方便追踪和管理。电子档案系统在财务系统中属于核算层中的财务运营系统部分，能够实现企业实体档案的信息化，并关联管理电子档案和实体档案。

该系统以影像技术为支撑，以会计核算系统为基础，与其他企业信息系统如网上报账系统集成，解决了会计数据系统之间的信息孤立问题，提高了企业会计数据加工的自动化水平。同时，电子档案系统的应用还提升了企业会计信息与外部环境的集成水平。

电子档案管理系统解决了财务共享模式下纸质档案异地采集、传递、借阅、管理等问题，对原始凭证实现有效管理监控，同时定位不同地区的凭证。通过影像系统统一采集到系统内，减少了纸质凭证传递过程，对原件实行有效保护。系统实现多地域、多人员在线调阅档案，提高了审计、纳税申报及税务机关征管的工作效率。内部原始凭证通过企业接口平台直接获取，实现了企业无纸化和一体化办公，为企业带来了便利。

## 2. 电子档案系统的应用流程

电子档案系统能够将纸质档案资料数字化，实现更方便的存储、检索、共享和利用。与传统档案管理相比，电子档案系统解决了纸张老化、丢失和损坏等问题，提高了档案管理的效率和质量。在此基础上，电子档案系统通过与网上报账系统、核算系统、电子影像系统等其他业务系统无缝集成，进一步提升了管理效能。

通过这些系统的整合，电子档案系统能够生成与实物凭证完全一致的电子凭证。这些电子凭证按照实物凭证的归集方式进行分册和归档，实现了凭证的电子化管理。这样一来，财务电子凭证文档得以全面集中管理，不仅提高了工作效率，还大大降低了错误率和遗漏率。

电子档案系统的工作流程分为四个阶段：信息采集、凭证管理、归档管理和档案管理。在信息采集阶段，系统会自动抓取其他业务系统中的数据，并生成电子凭证。接下来，在凭证管理阶段，系统对电子凭证进行整理、审核和确认，确保其准确无误。在归档管理阶段，电子凭证根据预设的规则进行分类、分册和归档，方便后续的检索和利用。最后，在档案管理阶段，系统对归档后的电子凭证进行长期存储和维护，确保数据的安全性和完整性。

电子档案系统以其独特的优势，成为现代企事业单位档案管理的重要工具。通过与其他业务系统的无缝集成，电子档案系统实现了财务电子凭证文档的全面集中管理，提高了工作效率和质量。信息采集、凭证管理、归档管理和档案管理四个环节相互配合，确保了电子档案系统的高效运行。

### 3. 电子档案系统的功能框架

在电子档案系统，有两大模块是其功能框架中最主要的部分，下面分别进行介绍：

（1）档案归档模块

档案归档过程主要涉及将企业自制的电子文件，如记账凭证，与内部和外部原始凭证的影像文件进行匹配，以生成完整的电子记账凭证档案数据。这些数据将以册为单位在系统内进行管理，实现纸质会计凭证与电子会计凭证的完全统一。电子会计凭证的出现将减少日常凭证调阅中对纸质会计凭证的依赖，从而保护纸质档案免受人为翻阅以及电子设备复印、扫描等操作带来的损害。

在凭证打印方面，电子档案系统需要优化凭证的打印方案。由于凭证、报账单和原始单据之间紧密关联，打印凭证时需充分考虑这种联系。为确保财务档案的完整性，电子档案系统需将会计凭证与实物档案和电子报账单进行关联。在信息采集阶段，电子报账单提交时生成唯一编码的单据号，与实物档案单的票据号相对应；当实物档案进行扫描转化为电子档案时，系统记录扫描时的索引号；会计凭证通常根据报账单自动生成，从而形成唯一的凭证号。在这种模式下，单据号、票据号、索引号和凭证号之间建立关联，实现会计凭证与实物档案的匹配。电子档案系统按照会计凭证号顺序自动排序，确保会计凭证号连续、完整。根据凭证份数，系统可实现电子档案的自动分册，同时纸质档案也遵循相同规则进行人工手动分册。

在凭证入柜环节，电子档案系统将自动分册后的凭证册按照一定规则合并至对应的凭证盒中，然后根据企业实物档案保管场地空间限制，将凭证保存至对应的凭证柜。实物档案的凭证入柜路径均记录在系统中，便于档案使用人通过查看系统中的保管信息，轻松找到对应的原始实物档案。

（2）档案查询借阅模块

在档案查询方面，电子档案系统的查询功能为企业提供了强大的会计信息追溯能力，用户可以在一个系统中便捷地查询到从明细账到会计凭证、应付票据、报账信息以及原始单据等详细信息。此外，该系统还支持查询不同法人、账簿、类别等条件下的电子档案状态、累计册数、实物保管地点等信息，并能够生成多维度的档案管理报表，为管理者提供有效的数据支持。

档案借阅功能涵盖了档案借阅的整个流程，包括借阅申请的发起、系统内的电子审批、归还、催还以及续借申请等。在档案借阅过程中，主要以调阅电子档案为主，纸质档案为辅，方便用户快速获取所需信息。同时，系统对档案借阅流程进行严格管理，确保档案的安全性和完整性。

此外这一模块还涉及到档案库房的管理，库房管理功能主要包括企业电子和纸质档案的入库、出库、归还、盘点等操作。系统能够精确地定位每一本纸质档案的库存状态和具体库位，便于档案使用人快速找到所需档案。通过条码技术的应用，对纸质档案进行监控管理，确保纸质档案与电子数据的一致性，从而提升档案管理水平。此外，库房管理系统还能对库存进行实时监控，发现库存异常情况，及时进行处理，保证档案的安全和完整。

### 4. 电子档案系统的信息对接功能

电子档案系统依赖于影像技术，以核算系统为基石，进一步与其他企业信息系统如网上报账系统、合同管理系统和人事管理系统等实现集成，解决企业内部会计数据信息孤立的问题，提高企业会计数据处理的自动化水平。根据电子档案系统的信息来源，系统主要对接网上报账系统等业务信息。

电子档案系统能从网上报账系统中同步获取电子报账单的单据号和电子影像票据号的对应关系，从而完成系统的凭证匹配和归档工作。同时，档案使用者可以在电子档案系统中追溯并查询到网上报账系统的报账信息。对于没有对应电子报账单的会计凭证，需要打印凭证封面（生成封面条码），并根据实际情况在电子影像系统中补扫原始单据。同时，档案使用者可以在电子档案系统中联查追溯到会计核算系统中的会计凭证信息。

电子档案系统还可与企业的前端业务系统，如合同管理系统、人事管理系统、OA 办公系统等进行对接，实现企业业务单据的集中电子化档案管理功能。通过与其他系统的集成，电子档案系统为企业提供了统一的会计档案管理平台，提高了工作效率，降低了管理成本。

### 5. 电子会计档案在财务共享中的价值体现

（1）提升档案管理的效率和精度

在大数据时代，财务共享已经成为财务行业的重要发展趋势之一。在这种背景下，要做好电子会计档案管理，关键在于明确档案类别，并对不同类别进行有效整合。在传统会计档案管理中，档案分类主要依赖人力手工操作，将原始单据按照不同种类进行编号并统一管理。这种人工分类方式耗时较长，工作效率不高。

而在财务共享模式下，电子会计档案管理通过 FSSC 云平台实现档案的电子化分类。利用软件对信息进行录入、分类与整合，将不同类别的档案分别归置于相应的文件夹。此外，文件夹中的信息也能进行自动编码，从而提高后期账目复核与记结账的效率。

在电子会计档案管理过程中，虽然大部分信息可以实现电子化处理，但仍有一些信息，如合同、订单等，需要纸质记载。针对这种情况，可在打印纸质文件的同时进行自动化的信息录入，实现信息在共享系统中的同步。通过整合处理，原始数据凭证与企业生产、经营各个环节的会计信息相互关联，使得会计档案管理更加全面且精细化，同时使会计档案管理更加便捷、高效。

（2）提升会计档案的实效性

在传统的会计档案管理方式中，数据信息多为静态存在，各类数据间往往缺乏直接的联系。然而，在财务共享模式下，电子会计档案的数据信息不仅能够独立存在，还能够与其他信息之间建立紧密的联系。例如，分公司的财务人员会对档案进行扫描，利用影像识别技术自动读取档案信息，然后将这些数据传送至云端进行后续的处理。

在云端，数据会按照档案的类别和数量进行自动化的报表分类，便于后续的搜索和查询。这种高效的管理方式为企业决策提供了有力的数据支撑，切实保障了财务档案管理的有效性。在此基础上，财务共享模式进一步发挥了优势，通过财务共享云平台，将档案数据信息存储于云端。

借助大数据和云计算技术，财务共享云平台能够实现实时化的数据更新。

这不仅使得数据存储空间得以扩大，报表编制更为便捷，还使档案管理的实效性得到了显著提升。如今，企业可以更加高效地利用财务档案数据，为决策层提供有力支持，从而确保企业运营管理的质量和效益。

由此可见，财务共享模式下的电子会计档案管理，既保证了数据信息的独立性，又实现了数据间的有机联系。通过云端处理和大数据分析，企业得以高效利用财务档案数据，为决策提供依据，提升管理效益。

（3）提升档案处理效率

在财务共享模式的支持下，电子会计档案管理得以实现数据实时在线传输，这一创新方式大幅减少了纸质档案的使用。与此同时，云端巨大的存储空间使得电子档案的存储和应用变得更加便捷。借助现代科技，如大数据、云计算和物联网等，财务共享模式在会计报表编制和档案信息分析处理方面都实现了自动化。

根据企业的发展目标和领导者的需求，财务共享模式能够有针对性地进行档案分析处理，并定制符合个性化需求的 data 报表。这种模式有效地节省了人力和物力资源，降低了企业的运营成本。在分析处理和实际应用方面，电子会计档案展现出了极高的效率。

进一步而言，财务共享模式为电子会计档案管理带来了前所未有的便捷。通过实时在线传输和云端存储，企业可以快速获取并整合各类档案数据，为决策层提供有力支持。此外，大数据和云计算等技术还使得档案分析处理更加精准，为企业发展提供了有益的参考。因此，财务共享模式下的电子会计档案管理在提高工作效率、节省资源以及支持企业决策等方面具有重要意义。

（4）降低信息传输成本

利用云端技术处理后的电子会计信息可通过网络传输并存储在云端，这种方式属于线上传输，其成本相对较低。这种网络化传输方式使得会计档案信息可以实现跨区域的异地查询、检索和处理，真正实现了财务共享的跨区域性。

使用人员可以随时随地查询历史会计档案，并与当前的会计档案进行直观的分析和对比。这种便捷的方式为企业提供了更为精准的经营发展趋势，有助于企业制定更科学的经营决策。在此基础上，企业还可以根据经营发展现状，有针对性地调整生产经营要素。

通过云端技术处理的电子会计信息，企业能够获取实时、准确的档案数据，为发展提供正确的航向指标。这不仅有助于企业的正常运营，确保行驶在正确的轨道上，还能促进企业持续前行，实现可持续发展。因此，云端技术在电子会计信息处理方面具有显著优势，实现了财务共享的跨区域性，为企业提供了精准的经营发展趋势数据。借助这一技术，企业能够有针对性地调整生产经营要素，确保正常运营，并持续发展。云端技术将成为企业发展的重要助力，引领企业迈向更美好的未来。

# 第7章　数字化时代企业财务共享服务的建设

## 7.1　集团财务共享服务的建设思考

### 一、集团财务共享服务中心概述

在数字化浪潮下，财务共享服务的模式正在发生深刻变革。RPA（机器人流程自动化）等先进技术的应用，使得财务处理工作逐渐实现虚拟化和智能化。特别是财务机器人，它们可以轻松取代原来重复性、标准化的财务工作，使得财务共享服务中心的"无人化"趋势愈发明显。

与此同时，随着外部客户、供应商、政府等各方协同能力的提升，财务共享服务的范围逐渐扩大，不再仅限于企业内部。这也使得传统财务共享模式中的内部平台建设方式暴露出诸多弊端。因此，财务共享服务开始向 SaaS（软件即服务）定制化应用模式转变，异地协同更加便捷，财务共享的组织形式和地点选择也更加灵活。

在这种趋势下，实体组织与地理位置不再是决定财务共享服务中心建设的关键因素。原有的集约型组织、集中化处理的财务共享模式将被彻底颠覆，取而代之的是更加灵活、个性化的服务模式。因此，财务共享服务的未来将更加注重客户需求，实现定制化、异地化、智能化的发展。

### 二、促进业财深度融合，帮助财务创造价值

财务与业务的融合是企业实现价值最大化的重要途径。然而，在实际操作

中，许多企业的财务体系与业务之间存在脱节现象，业财融合的实施难度较大。实现业财融合的关键在于将企业运营中的三大主要流程，即业务流程、会计核算流程和管理流程进行有机融合。通过建立基于业务驱动的财务一体化信息处理流程，企业可以使财务数据和业务数据融为一体，最大限度地实现数据共享，实时掌握经营状况。

然而，在传统的企业管理体系下，业务流程、会计核算流程和管理流程各自为战，缺乏有效的沟通和协作。这导致了企业在决策、资源配置等方面的效率低下，严重影响了企业的经济效益。为了解决这一问题，智能财务共享服务平台应运而生。

智能财务共享服务平台通过运用先进的技术手段，如大数据、云计算、人工智能等，将企业的业务流程、会计核算流程和管理流程紧密地连接起来，实现数据共享和信息互通。这样一来，企业不仅可以实时掌握经营状况，还可以快速响应市场变化，提高决策效率，降低运营成本，从而实现企业的持续发展和价值创造。

智能财务共享服务平台基于互联网和云计算的技术架构，能够实现企业财务与业务的实时联动，改变了传统的交易方式，优化了报销报账流程，从而深度一体化业务与财务。具体表现在以下几个方面：

首先，企业可以利用智能财务共享服务平台搭建云端企业商城，实现与供应商、客户、现场管控之间的无缝连接。通过电商化平台，企业能够高效地管理供应链和客户关系，进一步降低运营成本，提高业务效率。

其次，借助电子发票加强税务数据与交易的关联，企业能够更加便捷地进行税务管理，确保税务数据的准确性和完整性。这有助于企业规范经营行为，防范税收风险，并提高税务合规性。

再次，智能财务共享服务平台回归以交易管理为核心的企业运营本质，重构传统财务处理流程。企业可以实现对员工日常消费以及大宗原材料采购的在线下单、支付，提高采购效率，降低采购成本。

最后，企业能够实现统一对账结算，确保交易透明化、流程自动化、数据真实化。这有助于提高财务管理水平，防范财务风险，为企业决策提供可靠的数据支持。

由此可见，架构于互联网和云计算的智能财务共享服务平台，通过连接和数字化改造，为企业带来了全新的财务管理模式，实现了业务财务的深度一体化。智能财务共享服务平台通过推动企业财务与业务的深度融合，助力企业实现价值最大化。随着技术的发展和市场环境的不断变化，智能财务共享服务平台将成为企业财务管理的重要工具，助力企业应对挑战，把握机遇，实现可持续发展。

## 三、联通"信息孤岛"，实现智能共享

利用大数据和人工智能技术，企业能够实时获取内部各单位以及外部供应商、客户等准确、一致的财务和业务数据。这些数据经过数据捕捉、智能解析、挖掘治理和可视化展示等处理，转化为高品质、清晰脉络的数据。企业可以利用这些数据进行实时场景化应用，助力前端业务发展。

随着运营数据的不断积累，财务共享服务中心的海量数据逐渐成为企业的重要资产，满足各级管理者对财务分析、预测和决策分析的需求。例如，招商局集团在业务多元化拓展过程中，原有的财务管理体系逐渐无法适应战略要求和市场变化。招商局港口控股有限公司与金蝶 EAS 合作，通过深化财务共享服务中心，逐步统一了会计科目、核算项目、财务政策、制度以及前端业务系统。通过 EAS 共享平台，招商局港口控股有限公司规范了合同管理、计费规则、应收账款管理、商务管理、操作成本管理以及码头操作计费系统。智能财务共享服务中心已成为企业财务业务一体化管理的关键抓手，助力企业应对不断变化的市场环境。总之，大数据和人工智能技术的应用，使得企业能够实现财务与业务的深度融合，提高管理效率，为企业创造更大价值。

# 7.2　财务共享的众包模式与实施思路

## 一、财务共享服务组织模式现状分析

通过对财务共享的众包模式与实施准备进行分析，可以了解到目前财务共享服务组织模式的运行方式、规模以及相关的挑战和机遇。现代技术和管理手段使得企业能够挖掘出物件之间的潜在规律关系，这些物件可以是图像、图案，也可以是数字、抽象的关系，甚至是思维方式。只要事物反复出现，就可能存

在某种模式。

对于要建立财务共享服务中心的企业来说，首先要考虑的是模式选择问题，即确定一个适合的财务共享服务中心模式。这一问题的解决对每个企业选择合适的路径建立有效财务共享服务中心至关重要。根据已有的经验，财务共享服务中心主要存在四种常见模式：基本模式、市场模式、高级市场模式和独立经营模式。在国内已建立的财务共享服务中心中，大多采用基本模式和市场模式，而采用高级市场模式和独立经营模式的企业较少。

基本模式通过合并和整合日常事务处理、交易活动和行政管理工作，实现规模经济，消除冗余，最终降低成本和实现流程规范化、标准化。这种模式与企业后线职能的集中处理相似，不将其职能内部的基础运营与决策权割裂。

市场模式在基本模式的基础上进一步将企业职能内部的基本运作与决策权分离，将控制职能与服务职能相互独立，通过服务收费来抵偿成本，最终降低成本，提高服务质量。在这种模式下，享受财务共享服务的客户（集团内部的其他组织）不再是被动的服务接受者，而是可以根据自己的意愿决定是否接受这些服务，服务不再是托管式的，决策权由接受服务的客户掌握。

## 二、财务共享组织模式中的众包之路

### 1. 对众包模式的理解

众包模式作为一种创新的财务共享组织模式，为财务共享的实施提供了可能。众包模式是一种通过网络平台将特定任务外包给大众参与完成的机制。它充分利用了社会大众的智慧和资源，使得更多的人参与到财务共享活动中来。通过众包模式，财务共享组织能够更高效地完成各种财务任务，如会计核算、财务分析等。同时，众包模式还能够降低财务共享的成本，提高效益。因此，众包模式是财务共享组织模式创新的重要手段之一。

### 2. 众包模式有什么优势

众包模式为财务共享组织模式创新提供可能。众包模式作为一种新兴的组织模式，具有许多优势。首先，众包模式能够突破传统组织的边界，实现资源的共享和利用。通过利用外部资源和知识，财务共享组织能够更加高效地处理财务问题，降低成本和提高效率。其次，众包模式可以引入更多的创新和多样性。

不同背景和经验的人们可以通过参与众包来提供新的想法和解决方案，从而为财务共享组织带来更多的创新和竞争力。此外，众包模式还能够提高组织的灵活性和适应性。财务共享组织可以根据需要灵活调整众包资源的规模和结构，以适应不同的财务需求和变化。综上所述，众包模式的优势为财务共享组织模式的创新提供了可能，带来了更高效的和更灵活的财务共享实施。

### 3.通过众包模式来进行财务共享有什么意义

财务共享的众包模式为财务共享组织模式创新提供了广阔的可能性。众包模式作为一种开放式的协作方式，可以通过吸引大量的参与者来共享财务资源和知识，从而实现财务共享的目标。在财务共享中，众包模式具有以下意义：

（1）提高财务资源的利用效率：通过众包模式，财务共享组织可以将分散在不同地方的财务资源进行整合和优化利用，避免了资源的重复配置和浪费。参与众包的个体和组织可以将闲置的资金、人力和技术等资源通过众包平台进行共享，从而实现资源的最大化利用。

（2）促进财务知识和经验的共享：众包模式可以为财务共享组织提供一个开放、自由的知识共享平台，不同个体和组织可以在这个平台上分享自己的财务知识和经验。这种知识的共享可以促进财务共享组织之间的学习和合作，提高整体的财务管理水平。

（3）增加财务共享的创新性和多样性：通过众包模式，财务共享组织可以吸引更多的创新者和有不同背景的参与者加入到共享活动中来。众包平台可以为这些参与者提供一个展示和实践创新能力的平台，从而推动财务共享组织的创新发展。

（4）提升财务共享的透明度和公正性：众包模式的特点是参与者可以公开透明地参与到共享活动中来，贡献和收益都可以被记录和追踪。这种透明和公正的机制可以有效地避免信息不对称和不公平的现象出现，保障财务共享的公正性和可持续发展。

## 三、众包模式构建财务共享中心的构成要素

### 1.人员配备

在财务共享服务中心中，人员配备是一个关键的方面。为了确保财务共享

服务中心能够顺利运行，并且能够充分发挥众包模式的优势，人员配备需要考虑以下几个方面：

首先，需要拥有一支具备财务专业知识和技能的团队。这些人员应具备财务分析、财务报表处理、成本控制、预算规划等方面的专业能力，能够熟练运用相关财务软件和工具进行工作。他们还应该具备团队合作和沟通协调能力，以保证财务共享服务中心的高效运作。

其次，考虑到众包模式的特点，人员配备还需要包括一支强大的项目管理团队。这个团队需要具备项目规划、任务分配、进度控制、风险管理等方面的专业能力，能够合理安排和分配众包任务，确保项目按时、高质量地完成。

此外，在众包模式下，人员配备还需要考虑到合适的人员数量和结构。根据财务共享服务中心的规模和需求，要确定所需的人员数量，包括财务专业人员和项目管理人员等。同时，还需要确定不同职位的角色和职责，以及各个职位之间的协作关系，确保人员配备的合理性和高效性。

最后，为了保证人员配备的有效性，还需要进行必要的培训和教育。对于财务专业人员来说，他们需要不断更新自己的知识和技能，跟上行业的发展趋势。对于项目管理团队来说，他们需要掌握先进的项目管理方法和工具，以提高整体的项目管理水平。通过培训和教育，可以提升团队的整体素质，确保财务共享服务中心采用众包模式顺利进行。

### 2. 技术支持

财务共享服务中心采用众包模式的可行性分析的技术支持需要考虑的方面包括技术平台的搭建与维护、数据安全与隐私保护、系统集成与数据交互、技术人员的培训与支持等。在技术平台的搭建与维护方面，需要选择合适的软硬件设备，建立稳定可靠的网络环境，以确保众包模式下的财务共享服务中心运行的高效性和可靠性。

数据安全与隐私保护则是一个关键问题，需要采取合适的技术措施，保护用户的财务数据安全，防止数据泄露和滥用。此外，系统集成与数据交互也是技术支持中的重要环节，需要确保财务共享服务中心与各个参与方的系统能够无缝集成，实现数据的及时交互和共享。最后，对于技术人员的培训与支持，需要提供相应的培训计划和技术支持渠道，以保证财务共享服务中心在实施过程中能够得到专业的技术支持与帮助。通过以上方面的技术支持，财务共享服务中心采用众包模式的实施准备将更加全面和可靠。

### 3. 安全保障

数据安全保障是财务共享服务中心采用众包模式的一个重要考虑因素。由于财务数据的敏感性和重要性，确保数据的安全性和保密性是财务共享服务中心的首要任务之一。在实施众包模式之前，需要对数据安全进行全面的分析和评估。

财务共享中心需要建立适当的数据安全管理机制。这包括建立严格的数据访问权限管理制度，确保只有经过授权的人员才能访问和处理数据。同时，还需要建立完善的数据备份和恢复机制，以防止数据丢失或损坏。不仅如此，财务共享中心还需要加强数据传输和存储的安全措施。对于数据的传输过程，可以采用加密技术，确保数据在传输过程中不被窃取或篡改。对于数据的存储，可以采用安全的云存储技术，并配备相应的安全防护措施，如防火墙、入侵检测系统等，以保护数据的安全性。

此外，还需要加强对参与众包的人员的管理和监督。为了确保数据的安全，需要对参与众包的人员进行认证和背景调查，确保其可靠。同时，还需要建立监督机制，对参与众包的人员进行监督和审查，及时发现和纠正潜在的数据安全问题，确保财务共享服务的顺利进行。

## 四、财务共享服务中心的众包模式运行框架

### 1. 众包组织者

作为众包模式的发起者和管理者，众包组织者需要负责引导和组织众包参与者的活动，确保项目的顺利进行。众包组织者需要具备一定的专业知识和技能，在众包项目的整体策划、资源调配和进度控制等方面发挥重要作用。他们需要制订详细的工作计划并做好时间安排，招募合适的众包参与者，并与他们进行有效的沟通和协调，为实施准备提供必要的支持。

### 2. 众包商

众包商是指通过互联网平台或其他渠道，与财务共享服务中心签署合同并提供财务相关服务的外部供应商。众包商可以是独立的公司、个体工商户或个人专业人士。

众包商与财务共享服务中心之间建立了合作关系，通过签署合同明确双方的权利和义务。合同中应包括众包商提供的财务服务的具体内容、服务质量要求、合作期限、费用结算方式等相关条款。

众包商需要具备一定的财务专业知识和技能，以确保能够提供高质量的财务服务。他们可能拥有会计、财务管理、审计等领域的专业背景，并具备相关的从业经验。众包商还需了解财务共享服务中心的业务模式和运作流程，以更好地适应工作需求。

在财务共享服务中心的运作过程中，众包商通过互联网平台或其他专门的系统与财务共享服务中心进行沟通和协作。他们可以接受财务共享服务中心的任务委派，完成财务数据的处理、会计核算、财务分析等工作。同时，众包商也需及时向财务共享服务中心报告工作进展和完成情况，以确保任务的顺利进行。

财务共享服务中心需要建立一套严格的众包商管理制度，包括入驻流程、合作合同的签署与终止、服务质量评估等环节。对众包商规范管理，可以提高工作效率、保障财务服务质量，并促进双方的长期合作。

众包商在财务共享服务中心的众包模式中扮演着重要的角色。他们不仅是财务共享服务的提供者，还是财务共享服务中心与外部供应商之间的桥梁，通过合作与协作，共同推动财务共享服务的顺利运行。

### 3. 众包平台

众包平台作为连接企业与众包服务提供者的桥梁，具有关键的功能和特点。众包平台可以提供一个在线的交流和合作平台，使企业能够与众包服务提供者进行沟通和协作，实现任务的委托和完成。同时，众包平台还能够提供一系列的功能，如任务发布、任务管理、报告生成等，以便企业能够有效地管理和监控众包项目的进展和结果。众包平台还可以提供一个评价和反馈系统，帮助企业评估众包服务提供者的能力和表现，并进行合理的奖励和激励措施。通过合理设计和运营众包平台，财务共享服务中心能够更好地实现众包模式的逻辑运行框架，提高财务共享服务的效率和质量。

### 4. 任务的发起

发起任务之前，需要明确任务的目标和要求，包括任务的内容、期限、报酬等。任务设定的关键是要确保任务的目标明确、可衡量和可执行。一旦任务设定完成，财务共享服务中心将任务发布给众包平台上的注册用户。任务发布需要包括任务的描述、要求和报酬等信息，以吸引用户参与任务。

### 5. 任务的选择

在选择任务时，需要考虑多个因素，如任务的复杂度、执行难度、所需资源以及执行周期等。根据这些因素，财务共享服务中心可以将任务分为不同的类别，并根据实际情况确定各类任务的优先级和分配方式。在此过程中，还需要考虑到任务的专业性和适宜性，确保将任务分配给具备相应能力和经验的众包人员。

### 6. 任务的接受

在众包模式下，财务共享服务中心需要制定明确的任务发布渠道和任务接受规则。接受任务的过程包括任务发布、任务匹配和任务确认三个步骤。任务发布需要通过合适的平台或渠道向潜在的众包参与者发布任务的具体内容、要求和时间限制等信息。然后，在众包参与者中选择合适的人员进行任务匹配，根据其技能、经验和可靠性等方面进行评估，确保他们能够胜任相应的任务。最后，在众包参与者接受任务后，财务共享服务中心需要进行任务确认，对任务的完成情况进行评估和确认，并进行相应的激励和奖励。通过建立有效的任务接受机制，财务共享服务中心能够更好地实现任务的分配和处理，提高任务的效率和质量。

### 7. 任务的完成与验证

众包参与者完成任务后，将结果提交到众包平台上，待审核。众包平台会对提交的结果进行审核与验证，确保其满足任务要求和质量标准。验证任务是指对于众包模式下财务共享服务中心所涉及的各项任务和流程进行验证和确认的过程。在验证任务中，首先需要对众包模式下财务共享服务中心的任务分配和执行情况进行验证。这包括对于各项任务的分工和分配是否合理，是否有明确的责任人和时间安排，以及任务执行的质量和效率等方面进行评估和检查。然后，在验证任务时还需要对众包模式下财务共享服务中心的成果进行验证。这包括对于财务共享服务中心所提供的财务支持和业务处理结果进行验证，以确保其准确性和可靠性。同时，还需要对于众包参与者所提交的任务成果进行验证，以确保其符合财务共享服务中心的要求和标准。

此外，在验证任务中还需要对众包模式下财务共享服务中心的运行效果进行验证。这包括对于众包模式在提高财务共享服务中心的效率和降低成本方面的作用进行评估和验证，以及对于财务共享服务中心在提供财务支持和业务处理方面的效果和效益进行评估和验证。通过对这些方面的验证，可以不断改进和优化众包模式的运行框架，以更好地推动财务共享服务中心的发展和提升。

### 8. 报酬支付

众包模式下的财务共享服务中心的逻辑运行框架分析需要考虑报酬支付这一重要方面。在财务共享服务中心采用众包模式时，报酬支付的实施应该具备以下几个方面的内容：

第一，需要确定报酬支付的方式和标准。在众包模式下，报酬支付可以根据参与者完成的任务量或质量来进行计算，并根据预先设定的标准进行支付。这个标准可以基于任务的复杂度、时间要求以及参与者的专业程度来进行设定。

第二，需要建立有效的报酬支付机制。这包括确定报酬支付的频率和方式。频率可以根据项目的具体情况来设定，可以是按月、按季度或按项目完成后进行支付。支付方式可以选择使用电子转账、支付宝、微信等方便快捷的支付工具，以保证支付的效率。

第三，需要建立完善的报酬支付管理制度。这包括建立相应的报酬支付流程和相关规定，确保报酬支付的合规性和准确性。管理制度还应包括对参与者报酬支付情况的监督和评估，以及对异常情况的处理机制。

总体来说，财务共享的众包模式具有巨大的发展潜力，可以为企业带来更高效益的解决方案。通过引入众包的方式，企业可以利用外部专业人士的知识和技能，实现财务工作的分散和共享，从而提升工作效率和质量。财务共享的众包模式的前景非常广阔，但同时也需要企业在实施方面做好充分的准备，比如项目的计划、时间安排、人员组织、技术准备以及风险应对等方面，以确保众包模式的顺利实施和长期发展。在未来的财务共享的众包模式的创新与发展中，各方积极应用新技术和工具，提高财务业务的效率和质量。同时，要加强对众包模式的研究和实践，不断总结经验，为众包模式下的财务共享服务的未来发展提供更多的参考和借鉴。

# 7.3 人机协同与财务共享的未来展望

在财务共享服务领域，行业内一直关注着人工智能何时能够取代人工工作，并最终实现机器的全面替代的问题。尽管这是未来的必然趋势，也让人们充满期待，但我们必须认识到这个过程需要时间，并且是逐步进行的。在这个过程开始时，基于人机协同的初级人工智能模式成为当前可行、可实施并且能够快速提升财务共享服务中心产能的机遇。

## 一、共享服务中心的智能化如何实现

财务共享服务中心是近年来在我国受到高度重视和迅速发展起来的创新财务运营模式。通过建设财务共享服务中心，许多企业实现了从分散运营向集中高效运营的转变，提高了运营效率、降低了成本，并加强了风险管控能力。如今，智能化的到来给财务共享服务带来了进一步提升的压力。越来越多的企业在建立财务共享服务中心的同时，也开始思考智能化带来的影响。值得庆幸的是，财务共享服务中心为智能化建设打下了良好的基础，并推动着中国企业在智能化浪潮中持续发展。

财务共享服务中心所具备的规模效益、规则标准和信息技术基础使我们能够更容易抓住智能化带来的机遇。这些中心通过集中管理和标准化的业务流程为企业提供了规模化的服务，有效提高了运营效率和质量。同时，财务共享服务中心基于现代化的信息技术基础，可以更好地支持数据分析、自动化处理和智能化决策等方面的发展。这为企业在智能化转型过程中提供了有力的支持，更好地适应了市场的变化和需求。随着智能化技术的不断发展和应用，财务共享服务中心将面临更多的机遇和挑战。通过持续创新和积极应对，财务共享服务中心将继续发挥其重要作用，不断推动中国企业在智能化浪潮中迈向新的发展阶段。

### 1. 共享服务中心的规模基础

智能化技术在规模庞大、数据量大的行业如全品和电商得到广泛应用，这是因为作业规模越大，智能化带来的规模效益就越明显。同样，在将人工智能技术应用于财务领域时，我们也需要找到具有规模效益的切入点作为机会。在这样的背景下，财务共享服务中心的特性与规模效益高度契合。财务共享服务中心本质上实现了类似于会计工厂的集中运营模式。许多分散在各个分支机构处理的财务业务被集中到财务共享服务中心，并按照流程化的方式进行处理。这种基于专业分工的大规模作业相较于传统财务呈现出明显的规模效益。在智能化模式下，通过机器作业替代目前的大规模人工作业，规模的价值将进一步发挥，为财务共享服务中心的智能化奠定了坚实的规模基础。

### 2. 共享服务中心的规则基础

智能化的实现建立在数据的基础之上。如果我们有规范化、标准化的数据基础，就能够加速智能化的进程。当我们获得被打上了丰富标签的数据后，我们就掌握了大量优质的生产资料。通过对业务处理进行规则化，智能系统能够基于这些生产资料形成生产力。

对于财务共享作业来说，我们需要处理大量来自业务前端的原始凭证，并根据审核作业规则进行判断，判断其合规性与否，并产出会计信息。在传统模式下，这个过程依靠将审核规则交由每个作业人员学习掌握后，再基于人工来处理。而在财务共享服务中心实现智能化的逻辑也类似，唯一的区别在于我们需要通过信息系统来获取规范化的数据，并将规则梳理植入系统中进行作业处理。

财务共享服务中心在培养作业人员方面已经做了大量的前期工作，特别是对于作业规则的标准化。许多原先需要依靠所谓的专业判断力来解析的制度和规则，在财务共享服务中心已经得到了明确的定义。这使得我们能够进一步考虑将这些规则转化为可以被计算机理解和执行的部分，以减少大量的工作量。假设没有经历这个过程，智能化规则梳理将会是一个难以应对的挑战。

### 3. 共享中心的技术基础

在智能化的进程中，互联网技术和信息系统是不可或缺的基础。过去，一些财务共享服务中心试图通过人工流程来处理财务事务，但很快发现了这种方式的困难，因此迅速转型为信息化处理。如今，大部分财务共享服务中心都采用了影像系统、共享工具和运营管理等工具，实现了与会计核算系统和资金系统的自动化对接和制证。这些技术的广泛应用为财务共享服务领域的智能化提供了良好的技术基础，避免了跳空式发展的危机。

## 二、人机协同在相关领域的应用

随着对财务共享服务中心智能化基础的认识的不断深入，越来越多的企业迫切希望能够抓住智能化的机遇，实现财务共享服务的智能化转型。然而，与美好的愿景相比，现实却十分残酷。新兴技术与财务共享服务场景的融合并不是一件容易的事情，一步到位地实现智能化、机器取代人工的想法似乎并不切实际。基于这样的实际情况，人们开始提出了一种变通的思路，即基于人机协同的智能化。通过在人工与机器自动化相结合的条件下，利用 OCR、网关、风险分级引擎和规则引擎等技术构建的人机协同智能共享技术，实现财务共享服务在智能化道路上的质的突破。这种过渡阶段的人机协同智能共享技术成为一种具有实际可行性的选择。

### 1. 数据采集

要实现财务共享的智能化，首先需要解决原始凭证数字化的问题。遗憾的是，当前财务原始凭证的结构化水平严重不足。在营改增之前，我国的发票种类繁多，要获取发票中的信息更多依靠财务人员逐张审视。然而，随着营改增的推行，越来越多的发票种类向增值税专用发票和非多聚统一，使我们有机会采用解决方案来处理原始凭证。在这方面，QCR 技术得以广泛运用。

不过在实际应用中，要达到 100% 的 OCR 识别率是困难的，这使得完全自动化的实现变得具有挑战性。在这种情况下，人机协同模式的出现打破了僵局。通过在流程中引入人工补录流程，我们能够以较小的代价实现完整信息的数字化。人机协同的 OCR 采集模式充分利用了识别技术的优点，同时也克服了人工处理的准确性问题。通过人机协同模式的引入，我们可以以较小的代价实现完整信息的数字化。这种模式充分发挥了 OCR 识别技术的优势，并克服了人工处理的准确性问题。在获取了完整的信息后，下一步的自动化机会将成为可能。

### 2. 共享派工

在财务共享服务中心的作业过程中，由于缺乏数据支撑，通常采用随机派工的方式来分配作业任务。这种方式具有公平性，减少了协同问题，但却忽视了任务风险水平和员工技能水平的差异。如果能够将任务的风险水平与员工技能水平匹配，可以实现更好的效益。通过将风险更高的任务分配给技能更强的员工，可以提升风险管控能力；而低风险的任务可以交给系统或者低水平的员工来处理，以降低成本。这种方式打破了传统的大锅饭模式，通过自动的信用与风险分级，并结合相匹配的人工作业，实现了一种新型的人工协同。

然而，要实现这一点并不容易，最大的挑战在于如何识别和定义每个财务共享服务中心员工的技能水平。目前的模型算法更多还是基于人员的作业经验，这在一定程度上限制了人机协同能力的最大化实现。当前的模型算法主要基于人员的作业经验，有一定局限性。因此，进一步探索和开发更有效的技术手段，提高人机协同能力的最大化实现，是智能化财务共享服务中心发展的重要方向。

### 3. 共享作业

共享作业的人机协同是财务共享服务模式中最后一个，也是最重要的环节。在传统模式下，共享作业任务的处理主要依靠作业人员根据规则要求进行人工判断和处理。虽然这种方式通过标准化降低了人工处理的难度，但其背后仍需要大量具有丰富经验的财务共享服务人员的支持。

为了进一步优化共享作业模式，人们不断寻求更好的方式，探索利用系统进行自动化处理。随着原始凭证数字化进程中人机协同的推进，一种使用规则引擎进行自动化处理的人机协同方式被提出来。在传统模式下需要依靠人工记忆和执行的作业规则被进一步细化，并嵌入到规则引擎中。规则引擎依靠丰富的数据输入和设置的细粒度规则进行批量审核作业。符合所有规则校验的任务将免除人工处理，而出现异常审核结果的任务将转为人工处理。当然，这里指的任务是指在前一环节中识别出的低风险任务，高风险任务仍然建议由人工处理。

通过规则引擎的自动化处理，共享作业能够更高效地进行，减少了对人工经验的依赖。这种人机协同的方式能够有效提升共享作业的效率和准确性，为财务共享服务中心的智能化发展提供了一种实用的路径。当然，随着技术的不断发展和数据的完善，人机协同模式也将不断进化和优化。

在财务共享服务中实现智能化的过程中，一个非常关键的概念是"规则引擎"。规则引擎可以理解为一个用于解析业务规则的工具。在规则引擎中，原本复杂的规则被拆分为简单、可定义的规则包。每个规则包都包含了数据输入、算法处理和输出反馈等过程规则。通过规则引擎，我们可以定义大量的规则包，并管理它们的协同运作，实现复杂的人工审核过程的自动化处理。

尽管这听起来很简单，但在实际的开发实施过程中，我们需要克服一些困难。首先，业务团队需要理解规则引擎中规则包处理能力的概念，也就是规则包的颗粒度。只有在业务人员理解这个概念的基础上，才能确保拆分的规则颗粒是系统可实现的。其次，在理解规则包颗粒度的基础上，业务人员需要进一步拆解和颗粒化共享作业规则。每个拆解的规则都必须满足规则包所设定的可处理要求，不重不漏。同时，这些规则往往依赖于经验的总结和提炼，这就带来了对需求人员经验的依赖性。最后是规则的系统化。实际上，许多规则引擎还难以完全由业务人员自主定义，通常还需要通过开发来实现一些复杂的规则包。这些规则包需要消耗大量的开发资源，如果没有建立良好的需求和开发文档管理，就会造成潜在的规则或算法风险。

面对这些挑战，我们期待有更好、更灵活的规则引擎产品的出现，以推动共享服务智能化的发展进入一个高速时代。新一代的规则引擎应该具备更高的灵活性和可配置性，能够满足不同业务场景下的需求。它应该支持业务团队自主定义规则，减少对开发资源的依赖，并提供良好的需求和开发文档管理机制，降低规则或算法风险的发生。通过这样的技术进步和创新，共享服务智能化的发展将迈入一个新的阶段。

## 三、机器学习助力共享中心智能化发展

在财务共享服务中心，人机结合模式的应用是一种阶段性的过渡方法，可以实现自动化和智能化的进程。然而，我们的目标并不仅仅是将人机结合，而是努力消除人工干预的断点，实现高度自动化和智能化。通过技术手段，我们要将人机协同进化为人工智能的闭环，这是未来的必然发展方向。当前，我们已经看到人工智能技术高速发展所带来的希望。特别是在机器学习领域取得的突破，我们已经在 OCR、风险分级和共享作业等领域取得了一定的进展。

### 1. 提升 OCR 识别能力

传统的 OCR 技术在执行过程中遵循一套设定的流程。首先，需要对输入的图像进行预处理，例如进行二值化、去噪和倾斜矫正等操作。其次，进行版面分析，将文档图片切分成小的部分。对于发票等特定类型的文档，可以根据其版面进行预先设定的切分。最后，进行字符切割，将汉字独立出来，并通过

与预先设立的字库进行对比来进行汉字识别。然而，这种传统的 OCR 方法并不是最终的结果。在识别完成后，还需要进行后处理，基于语言上下文的关系来校正结果。这个后处理阶段的准确性受到多种因素的影响，特别是在字库对比和后校验环节容易出现问题。

相比之下，基于机器学习的 OCR 方式可以通过对大量带有特征值和结果标签的影像进行监督学习，类似于做题一样，让 OCR 引擎知道题目和答案。通过大量的训练，机器学习能够自主地找到提升识别率的优化算法，持续提升 OCR 的识别率。这种方法在针对同一类型的原始凭证进行大量学习训练后，能够有效地提升 OCR 的识别效果。

在实际应用中，基于机器学习的 OCR 方法也面临一些挑战。首先，训练需要大量的标注数据和计算资源。其次，由于 OCR 结果的准确性受到训练数据和模型的质量影响，因此需要精心准备和筛选训练数据，以及选择合适的模型和算法。此外，由于文档类型和样式的多样性，机器学习模型可能需要针对不同的场景进行优化和调整。

除了基于机器学习的 OCR 技术在字符识别方面的应用，语义学习也在 OCR 的后处理环节中发挥着重要作用。通过进行持续的语义训练，OCR 可以更接近人类思维逻辑的方式，在几个模糊的、可能的选择中找到更正确的答案。这样的持续训练也可以提高后处理的精准度。

通过将机器学习应用于 OCR 领域的深入研究，可以不断提升 OCR 的识别率。特别是在一些传统 OCR 技术难以识别的领域，如手写体识别，将得到突破性的进展。实际上，许多基于机器学习的 OCR 应用已经在各个领域出现，并且已经达到了商用级别的产品。

这些基于机器学习的 OCR 应用在财务共享服务中心等领域中具有巨大的潜力。例如，在财务共享服务中心中，大量涉及到财务凭证和发票的处理工作需要高效且准确的 OCR 技术。将机器学习技术应用于 OCR，可以实现自动化处理大量文档的目标，并且提高处理的精准度和效率。

综上所述，基于机器学习的 OCR 技术在财务共享服务中心等领域的应用将会有显著的改进和发展。通过持续的训练和优化，OCR 的识别率将有所提升，并且能够应对传统技术难以识别的领域。随着技术的不断进步，我们期待着更多基于机器学习的 OCR 应用在商业上实现并推广。

## 2. 优化风险分级能力

在传统技术下，风险分级规则是基于人的经验总结设定的。然而，这种方式必然受到人的能力和经验的局限性影响，有时甚至由于缺乏相关经验而无法进行准确的风险评估。风险分级的核心逻辑是基于输入的数据信息，评估每个原始凭证的风险等级。这个过程类似于金融行业的信用评估系统。当我们获得大量输入数据后，通过预设的算法可以得到一个风险评价结果。

当机器学习应用于风险分级时，可以考虑在人工的帮助下积累大量的训练题库，由财务共享服务中心的工作人员根据经验规则设定风险级别。该设定过程的最终结果可能很难被完全抽象成模型。但是，当积累了一定量的人机协同作业题库后，可以引入机器学习引擎，对系统中嵌入的经验规则进行学习优化，从而进一步实现人机协同的机器化。这个转换比例将在持续学习的过程中不断提高，并最终提升风险分级的准确度。

此外，风险分级模型的优化还需要同时进行其他工作。例如，需要建立报账人关系网络，以及报账人和供应商信用体系等。这些工作的同步进行将进一步提升风险分级模型的可靠性和精度，财务共享服务中心的自动化和智能化进程将迈上一个新的台阶。

## 3. 优化作业规则

机器学习在共享作业规则的自我优化中具有重要的价值。类似于风险分级，在引入机器学习之前，主要是通过规则引擎进行自动审核，其中的规则是基于作业人员的经验总结得出的。在这种基于规则引擎的人机协同模式下，当我们积累了大量的历史题库时，可以借助机器学习引擎来优化和提升规则引擎中的规则，从而实现人机协同向高度自动化和智能化的转变。

通过机器学习引擎对规则引擎中的规则进行优化，可以更准确地识别和解决共享作业中的问题。在这个过程中，可以利用大量的历史数据和标注信息进行监督学习，让机器学习引擎自动学习作业人员的经验和决策。随着不断的训练和优化，机器学习引擎能够逐渐提升规则引擎的准确度和效果，使得自动审核的结果更加可靠和精确。这种自我优化能够使共享作业更加高效、可靠和灵活，为财务共享服务中心的自动化智能化进程提供支持。

# 第8章 财务共享与企业智能财务管理体系构建

## 8.1 财务共享与数据中心的构建

### 一、集团级数据中心的功能

从技术层面来看，数据中心的建设是企业信息化建设的关键环节，它代表着企业信息化的未来方向。在当今世界，信息化已成为推动经济发展和社会进步的重要力量，对于提升企业竞争力具有重要意义。然而，企业信息涉及范围广泛，各种应用系统往往难以有效共享数据，安全威胁不断增加，数据安全问题日益突出。此外，快速增长的数据量使得既有的存储容量和应用系统难以满足企业需求，因此建设可靠性强、容量大的数据中心显得尤为必要。

从业务层面来看，数据中心是企业的业务支撑平台。数据中心能够更好地适应业务快速发展的需求，为集团带来更大的价值。在建立数据中心时，企业需要考虑当前及未来可能出现的业务规模扩大、客户数量增加等问题。

从管理层面来看，数据中心的建设实现了企业信息的高度共享和整合。对数据资源的整合、挖掘和转换，可以为各级管理者的分析、决策提供有力支持。一个有效的数据中心能有效打通业务与财务之间的壁垒，解决企业内部的"信息孤岛"问题，同时整合企业内部不同地域、不同部门之间的信息，让管理者可以获得及时、准确、真实、可靠、全面的数据，进而为管理者的决策分析提供高质量的基础数据。因此，尽快建立一个汇集不同口径、不同地域、不同来源的集团级数据中心是企业进行高效管控、科学决策的基础与前提。

在实际业务运营中，要想在企业内搭建一个全面覆盖的集团级数据中心，可谓是困难重重。部分企业虽然已设立数据中心，但其所承担的任务仅限于基本的数据收集与整合，而非深入挖掘数据的价值。数据口径的不一致成为一大难题，各个部门对同一指标的计算方式可能存在差异，数据来源也各有不同，这使得数据中心的作用大打折扣，无法满足业务推进和经营决策的实质需求。

另外，有些企业尚未建立数据中心，或者虽有数据收集，但覆盖范围有限，数据质量参差不齐，更不必说生成对管理者具有实际指导意义的管理报告。企业对数据的重视程度如同对待珍贵的金子般，然而在如何搭建一个真正有用、高效的数据中心这一问题上，许多企业陷入了迷茫。

企业应在数据收集、整合和管理分析等环节投入更多精力，以解决数据口径不一和质量不佳的问题。通过统一计算口径、规范数据来源，数据中心真正发挥了其应有作用，为企业经营决策提供了有力支持。此外，企业还需关注数据中心的建设和维护，确保其高效运行，以满足业务发展需求。在数据这座金矿中，企业应寻找到适合自己的挖掘方法，发挥数据价值，助力企业财务事业发展。

## 二、财务共享服务中心到集团级数据中心的进阶

财务共享服务中心在构建集团级数据中心方面具有得天独厚的优势，其关键优势体现在以下三个方面：

第一，财务共享服务中心在基础数据收集方面表现出强大的能力。以往分散在各个部门和地区的核算数据得以汇总和统一处理，为管理者提供了大量可靠且低成本的数据。通过财务共享服务中心，企业可以将全公司的会计核算工作集中到一个平台进行，从而实现对所有交易事项的集中式记录和处理。此外，财务共享服务中心还消除了财务与业务之间的隔阂，使企业能够从源头上掌握内部各单位的真实交易数据。

第二，财务共享服务中心在基础数据规范方面成果显著。通过流程再造，交易过程实现了显性化和规范化，从而奠定了坚实的数据基础。财务共享服务中心不仅促进了流程、管理和数据质量的规范化，还使企业能够从源头上获取真实、规范、高质量的数据，为未来的战略分析和决策提供重要依据。

第三，在数据中心建设路径方面，财务共享服务中心是企业信息化平台中最为贴近数据中心建设要求的系统平台。它具备成为集团级数据中心的最佳条

件，可以提炼出管理者最关心的报告级数据，充分体现管理者的管控思路。

相较于传统的数据支撑体系，财务共享服务中心具备以下方面的优势：

1.ERP 系统：财务共享服务中心可以有效整合企业内部的财务和业务数据，将管理者的关注点从传统的财务数据拓展到业务实质，提高数据的实时性和准确性。

2. 管理服务：财务共享服务中心以管理为导向，关注管理者需求，提供定制化的数据报告，使数据真正为管理服务。

3. 数据质量：财务共享服务中心通过规范化流程和集中式处理，确保数据的质量和准确性，使企业能够信赖和使用这些数据进行决策。

4. 管控思想：财务共享服务中心可以提炼出管理者关心的报告级数据，使其成为管理者管控思想的具体体现，有助于企业实现战略目标和优化资源配置。

在过去，传统财务共享服务中心所整合的数据主要集中在对外披露的、以单体企业核算为主的局部数据。这些数据的局限性表现在以下几个方面：首先，传统财务共享服务中心过于注重核算工作，而忽视了数据分析的重要性；其次，传统服务中心提供的数据主要以法人口径为主，缺乏与管理决策密切相关的管理口径数据；再次，传统财务共享服务中心所涵盖的数据仅为核算数据，未能延伸至业务数据层面；最后，尽管服务中心拥有大量数据，但难以从中提炼出对管理决策具有实际价值的成果。

然而，在财务共享服务中心发展的高级阶段，即财务共享 3.0 阶段，企业已开始关注管理目标，并将核算数据、预算数据、资金数据、资产数据、成本数据以及外部标杆数据等与高层管理和决策相关的信息进行集成。这使得财务共享服务中心成为公司未来决策最重要的数据支持平台，为管理会计的应用奠定了坚实基础。

从技术层面来看，财务共享服务中心作为集团化数据中心，无论在平台架构、平台拓展还是数据集成等方面均不存在障碍。同时，针对数据中心需求，已有成型的共享平台产品问世，为企业的财务共享服务提供了有力支持。总之，财务共享服务中心在经历了从核算导向到管理导向的转变后，已发展成为企业级数据中心的最佳选择。企业应充分利用财务共享服务中心的优势，将其打造成为全面、可靠、规范的数据支持平台，助力企业实现高质量发展。

## 三、数据中心到大数据平台的进阶

当前，大数据技术已经逐渐成熟，并在企业运营、财务管理等领域得到广泛应用。企业在面对大数据时，主要可以将其分为以下三大类：实时多小数系数据、业务中数据以及社会大数据。这三类数据之间存在着密切的关系，共同为企业提供了丰富的信息资源，有助于企业更好地进行决策。

实时多小数系数据：这类数据主要来源于企业内部，包括财务数据、销售数据、库存数据等。这些数据反映了企业日常运营的情况，有助于企业实时监控经营状况，发现潜在问题，并采取相应措施。

业务中数据：这类数据主要来源于企业的中层管理者，包括预算数据、成本数据、市场数据等。这些数据可以帮助企业制订战略规划，优化资源配置，提高市场竞争力。

社会大数据：这类数据主要来源于企业外部，包括市场调查数据、行业报告数据、政策法规数据等。这些数据可以帮助企业了解市场趋势，分析竞争环境，制定合适的营销策略。

这三类数据之间的关系在于，实时多小数系数据为企业提供了基础的运营信息，业务中数据在此基础上进行深入分析，为企业制订战略规划提供支持，而社会大数据则为企业的决策提供了更为广泛的市场和竞争环境信息。通过整合这三类数据，企业可以实现对内外部信息的全面掌握，从而更好地进行决策。随着大数据技术的逐渐成熟，企业需要充分挖掘和利用各类数据资源，以提高决策效率和市场竞争力。

在大数据时代，企业的数据分析思路将得到全方位的改进。具体表现在以下几个方面：

财务小数据的变化：大数据技术使得信息获取更加便捷，财务职能向业务前端延伸，增加了执行管控的要素。同时，报表合并过程得以快速处理，信息记录更加精准。企业从交易与记录的源头标识管理会计信息，强化信息的相关性。

业务中数据的变化：随着工业 4.0 的到来，业务处理更加高效，企业有望打破部门之间的壁垒，从接单到协同、产出、交付将同步进行。企业更加关注作业与资源能否成为真正的"业务单元"，以及结果到过程的演进路径。这意味着绩效考核方法也在演变，例如从 KPI、BSC、EVA 到 OKR 等，它们不仅关注绩效，而且关注过程。

社会大数据的演进：在整个行业运行过程中，企业间的竞争变得越来越激烈。企业不再只是产品的制造者，而要整合外部平台，适应外部大数据的冲击。企业的生存环境将发生重大变化，需要应对这种不可逆的浪潮。

由此可见，大数据时代对企业数据分析提出了新的要求，企业需要适应这种变化，调整自己的战略和运营方式。在这个过程中，企业应关注财务、业务和社会大数据的变化，以实现企业的可持续发展。

大数据的出现，将对企业的经营方式、数据分析方式等各方面进行全面变革。因此，应以中国企业为研究对象，通过对大数据和智能化技术的运用与挖掘，使其由交易环节深入到商业环节，将其由企业内到外的生态链进行扩展，从而形成一个高质量的财务分享服务平台，进而形成中国企业所要解决的核心问题。

同时，它还与财务共享、税收共享平台进行了整合，建立了一个大规模的企业智慧共享平台。在"商旅分享 + 采购分享 + 财务分享 + 税务分享"的基础上，将企业的业务流程与财务流程进行了扩展，业务流程与财务流程进行了整合，在外部则是将供应商、商家、客户等连接起来，同时也与银行、税务等外部的系统相结合，让业务流程、会计核算流程和管理流程都得到了充分的结合，使交易变得透明，使流程自动化、数据真实化。

以业财税融合智慧共享平台的方式，将公司的业务中数据和财务小数据进行根源上的连接，把企业作为一个数据平台，以真实、可靠、规范的高品质的数据输出为任务，并与社交大数据相结合，建立起一套以"财务小数据、业务中数据、社会大数据"为核心的企业级大数据平台，在对企业的运营环境进行预测、分析、决策和管控等方面发挥巨大的作用。

以某保险公司为案例，在网络技术的基础上，构建一个全新的、由内而外相结合的全新的金融运作系统，它包括从获得最开始的资源，到进行公司的业务处理，最后形成四套账（资源账、管理账、会计账、监管账）。该保险公司以"业、税"融合的智慧分享平台为基础，构建一个以数据存储、展示、分析与应用为核心的大数据平台。前端的交易、对账、发票、支付等一系列的过程都是一个数据收集点，生成了海量的数据资源，这些数据可以被即时地导入大数据平台中进行储存，以一个管理维度来进行汇总和展示，并且还可以进行柔性的拖放和展示。同时，通过大数据、人工智能等技术，构建金融交易大数据的分析方法，支持资源配置、科学决策，促进企业的信息化建设。

# 8.2 预算管理与财务共享的融合

## 一、预算管理概述

### 1.对预算管理的理解

企业预算包括投资预算、经营预算和财务预算。投资预算是对企业固定资产的购置、改建等投资活动的预算；经营预算主要包括销售预算、生产预算、成本预算、费用预算等，用于预测和控制企业的日常经营活动；财务预算则关注企业的资金来源和运用，包括现金预算、利润预算和财务状况预算等。

### 2.预算管理的各个环节与作用

（1）预算编制：预算编制是预算管理的首要环节，主要任务是根据企业发展战略和目标，结合市场环境、历史数据等因素，预测企业未来的经营活动和财务状况，制定出具体的预算指标。预算编制需要确保预算的科学性、合理性和可操作性，同时要充分考虑到企业内外部环境的变化，以提高预算的适应性。

（2）预算执行：预算执行是预算管理的关键环节，要求企业各部门根据预算指标，合理安排资源，实施各项经营活动。在预算执行过程中，企业要建立有效的监控机制，确保各项活动按照预算计划进行。同时，预算执行还需要企业内部各职能部门之间的密切协作和沟通，以确保预算目标的实现。

（3）预算监控：预算监控是预算管理的重要职能，通过对预算执行过程的实时监控，及时发现预算执行中的问题，并提出改进措施。预算监控需要建立有效的监控机制，包括定期收集、整理和分析预算执行数据，对比预算目标和实际执行情况，发现问题并提出解决方案。

（4）预算调整：预算调整是预算管理在执行过程中应对内外部环境变化的重要手段。当企业因为外部环境变化或内部需求调整等原因，导致预算的实际执行情况与预期目标存在较大偏差时，企业需要及时对预算进行调整，以确保预算目标的实现。预算调整要遵循一定的程序和原则，确保调整的合理性和公正性。

（5）预算评价：预算评价是预算管理的一个重要环节，通过对预算执行效果的分析，总结经验教训，为下一轮预算编制提供参考。预算评价需要建立科学的评价指标体系，对预算执行效果进行全面、客观、公正的评价。

（6）预算沟通与协调：预算沟通与协调是预算管理在实施过程中与其他部门和外部利益相关方之间进行沟通，以确保预算的顺利实施。预算沟通与协调需要建立有效的沟通机制，包括定期召开预算沟通会议、建立预算沟通渠道等。

（7）预算改进：预算改进是预算管理的一个重要职能，要求企业根据预算执行过程中的问题和经验教训，不断改进预算管理方法和流程，提高预算管理的有效性和效率。预算改进需要建立有效的改进机制，包括定期对预算管理进行自我评估、收集反馈意见等。

### 3. 预算管理的具体流程

企业预算管理的流程可以概括为以下几个步骤：

（1）确定预算目标：企业根据战略规划和年度经营计划，明确预算管理的目标。这包括财务目标（如收入、利润、现金流量等）和非财务目标（如内部流程改善、客户满意度提高等）。

（2）编制预算计划：各部门根据自身实际情况，编制未来一段时间（如年度、季度、月度等）的预算计划。编制预算时需参考历史财务数据、市场趋势、行业竞争情况等信息。

（3）审批和下达预算：将各部门提交的预算计划进行汇总，形成企业整体的预算方案。预算方案需经过管理层审批后，向下传达至各部门执行。

（4）执行预算：企业在经营运行过程中，需按照预算标准进行操作。监管部门实时监控预算执行情况，确保预算目标的实现。

（5）监控和调整预算：在预算执行过程中，若发生特殊情况，可进行预算调整。同时，监管部门需对预算执行情况进行监控，以确保预算目标的达成。

（6）预算分析和考评：根据预算执行情况及人员预算目标的完成进度，对预算管理整体进行分析和考评。这有助于评估企业经营效率，为下一轮预算管理提供参考。

企业预算管理的目标制定应立足于战略发展需求，全面考虑企业发展的各个方面，同时兼顾内外部环境因素，明确预算管理范围，并确保目标制定的可行性。在确立预算目标后，需依据目标编制具体预算内容。预算编制过程通常采用自上而下、自下而上、全员参与等方式。

财务共享服务和预算管理是企业中至关重要的两个环节，它们在企业的经营管理中具有密切的关联和协同作用。财务共享服务是一种新型的财务管理模式，它依托于信息技术系统，通过统一的标准化的控制流程，提供高效、便捷的财务管理服务。这种服务模式能够有效地降低企业的运营成本，提高财务管理效率，优化企业的组织结构，提升企业的核心竞争力。

预算管理是企业必备的管理过程，其目的是通过合理的预算编制和执行，有效控制企业的成本费用，降低企业的运营成本，使企业的经营活动与企业的发展战略目标相吻合。通过预算管理，企业可以实现资源的合理配置，提高企业的经济效益。

在企业的实际运营中，财务共享服务和预算管理是相辅相成的。财务共享服务可以保证预算执行的合理性、合规性，而预算管理则是财务共享服务的重要内容之一。因此，在企业的经营管理中，财务共享服务和预算管理是必不可少的，它们在提高企业的经济效益、降低企业的运营成本、提升企业的核心竞争力等方面发挥着重要的作用。财务共享服务和预算管理是企业中两个不可或缺的部分，它们在企业的经营管理中具有密切的协同性，具备部分功能融合的基础。

# 二、如何在财务共享服务中融入预算管理的部分

## 1. 合理的发展战略

预算管理是企业重要的管理工具，它有助于企业实现战略目标。在实施预算管理之前，企业需要制定科学合理的预算目标。这些目标应与企业发展制定的最佳战略目标相一致，以促进企业战略目标的实现。

与此同时，企业在构建财务共享服务中心的过程中，首要任务是制定财务共享服务中心的战略定位。这一定位能够推动企业战略目标和预算目标的制定与实现，从而大大提高企业对业务和资金流程的有效监管。财务共享服务中心通过提供统一、高效的财务管理服务，有助于企业更好地实现预算管理目标。

　　预算管理和财务共享服务的目标具有高度一致性，它们都在为企业实现战略目标服务。因此，在理论基础上，预算管理和财务共享服务具有部分功能融合的基础。预算管理和财务共享服务在企业发展过程中具有重要地位。它们之间的融合有助于企业制定和实现合理的预算目标，推动企业战略目标的实现，提高企业整体竞争力和盈利能力。企业在实施预算管理和构建财务共享服务中心时，应充分考虑二者之间的协同作用，以实现企业长期稳定发展。

### 2. 可靠的技术支持

　　信息技术被广泛应用于企业日常管理的各个角落。众多集团纷纷建立了自己的财务共享服务中心，使集团在财务活动的处理上更加高效便捷，也为集团提供了更高质量的财务信息。在这股浪潮中，企业的财务管理工作逐渐走向完善，业务决策也变得更加科学、精确。为了将预算管理更好地融入财务共享服务中心，必须要在下列几项技术的支持下进行建设：

　　（1）智能化识别技术

　　智能化识别技术，如票据影像识别、文字识别等，为企业财务共享服务中心带来了极大的便利。集团通过采用这项技术，将企业的会计凭证、签订的合同、客户信息等关键数据快速、准确地收集到财务共享服务中心数据库中。这不仅减少了财务人员在日常工作中重复性操作的负担，还提高了数据处理的准确度，进一步提升了员工的日常工作效率。

　　票据影像识别技术可以将纸质票据转化为电子数据，方便财务人员进行后续的数据处理和分析。文字识别技术则能自动提取合同、客户信息等文本中的关键内容，为财务共享服务提供更加便捷的数据来源。这些智能化识别技术为企业财务共享服务中心提供了强大的支持，使财务管理工作更加高效、准确，从而提高了企业的整体运营效率。

　　智能化识别技术在财务共享服务中心的应用，为企业带来了诸多便利。通过减少财务人员的重复性操作，提高数据处理的准确度，以及提升员工的日常工作效率，这项技术为企业创造了更高的价值，助力企业实现更加便捷、高效的财务管理。

　　（2）大数据处理技术

　　在大数据库中，数据源的多样性和冗余性可能会影响我们对数据的有效利用和最终判断。因此，在进行财务共享服务中心的数据录入时，我们需要对原始数据进行预处理，以提高数据的质量，确保数据的准确性和可靠性。

在财务共享服务中心录入的数据，将作为我们未来制定预算目标的重要依据。因此，我们需要利用强大的数据提取和管理功能，对这些数据进行深入挖掘和分析，以发现数据背后的规律和趋势。通过这种方式，我们可以更准确地制定预算目标，确保预算目标的合理性和可行性。

在财务共享服务中心中，数据预处理和数据分析是提高数据质量的关键环节。通过利用强大的数据提取和管理功能，我们可以更好地制定预算目标，为企业的发展提供有力的支持。同时，这也将有助于我们更好地理解和把握企业的财务状况，从而为企业未来的发展提供更加科学、有效的决策依据。

（3）应用集成技术

利用应用集成技术，集团内的子公司可通过网络将预算申请等信息迅速传递至财务共享服务中心的总服务器。这样一来，财务共享服务中心便能够对子公司发生的各种变化做出及时反应，确保传递信息的时效性，保证企业内部沟通的顺畅。

财务共享服务中心借助云计算、大数据技术对企业资源进行动态分配与管理，实现企业财务资源的优化配置。同时，信息技术的发展提高了企业各种数据的集中程度，使企业能够更加便捷地获取和管理数据。企业利用云计算技术实现数据信息的多维度分析和挖掘，如预算编制、业务整合等，从而提高企业决策的准确性和效率。

## 3. 配套的管理流程

随着集团规模的不断扩大，管理成本在企业中占据了举足轻重的地位，降低管理成本已成为企业日常经营中的主要目标之一。全面预算管理是一项庞大的工程，涉及的层级复杂，执行效率较低，执行成本较高。对于企业而言，如何降低管理成本、提高执行效率成为亟待解决的问题。

财务共享服务模式是降低企业日常管理成本的有效途径。这种模式通过将企业的财务管理工作集中处理，提高工作效率，降低人力成本。如果企业已经建立了较为完善的财务共享服务中心，那么在将全面预算管理活动与其相结合时，无须再次投入大量的初始成本。因为财务共享服务中心已经具备了成熟的信息技术系统和丰富的管理经验，能够为企业全面预算管理的实施提供良好的支持。

一方面，与传统预算管理模式相比，基于财务共享服务模式下的全面预算管理具有以下两个显著优势：

（1）降低重复性作业成本：传统的预算管理采用点对点的模式，存在大量重复性工作。而基于财务共享服务模式的全面预算管理采用流水线作业模式，更适合集团一体化管理，从而降低预算管理成本。

（2）提高人力资源利用率：全面预算管理采用作业集中处理模式，无需在每个分公司配备预算人员。财务共享服务中心集中专家资源，降低人员成本。此外，全面预算管理可采用分层应用体系架构，实现跨地域高效预算管理，从而降低企业运营成本。

另一方面，全面预算管理具有全面化、全员参与的特点，有助于确保企业整体控制性。将全面预算管理纳入财务共享服务中心，可充分利用其传递效率，使全面预算管理更具效率，实现整体管控与实时管控，助力企业实现战略目标。

总体来说，集团将全面预算管理纳入财务共享服务中心，需具备以下功能：

建立全面预算管理信息管理平台：将该平台接入财务共享服务中心的数据库，涵盖全面预算的所有流程，包括预算编制、预算审批、预算执行、预算考评等环节。通过信息管理平台，确保全面预算管理有效实施，提高工作效率。

自动录入所需数据：全面预算管理需要大量数据支持，财务共享服务中心应自动录入所需数据，包括财务报表、业务数据等。此外，财务共享服务中心可借助以往预算报表，自动生成新的预算报表，实现数据更新和预测。

建立严格的权限控制制度：全面预算管理涉及集团内部敏感数据，虽财务共享服务中心数据对员工共享，但需设立严格的权限控制，确保信息安全。同时，建立惩罚机制，确保全面预算管理的有效执行。

保障信息安全：财务共享服务中心涉及大量集团内部数据，需确保信息安全。可采用加密技术、访问控制等技术手段，提高信息安全防护能力，防止数据泄露。

建立实时监控机制：对全面预算管理的执行情况进行实时监控，及时发现并解决问题。监控内容包括预算执行进度、预算执行情况等，确保全面预算管理顺利推进。

通过以上功能的实现，集团将全面预算管理纳入财务共享服务中心，有助于提高企业的预算管理水平，使企业全面预算管理实现了自动化和数字化，大大提高了工作效率，降低了人力成本，并确保了数据的准确性和完整性。同时保障了信息安全。预算管理实现了企业整体管控，使企业能够实时掌握预算执行情况，及时调整策略，对企业财务目标的实现有重要的意义。

# 8.3  财务共享与企业会计报告优化

## 一、管理会计报告概述

管理会计在企业内部的管理活动中扮演着重要的角色。通过利用相关信息，管理会计能够融合财务和业务活动，对单位的规划、决策、控制和评价等方面发挥作用。为了满足企业内部管理的需求，企业会形成管理会计报告，这是企业根据财务和业务的基础信息加工整理而成的对内报告。

内部管理报告在服务战略决策过程中起到了重要的桥梁作用。它提供了详细的财务和业务信息，帮助管理层评估企业的绩效，了解各项业务活动的效果，并及时做出调整和决策。通过对内部管理报告的分析，管理层可以及时识别出问题所在，找到解决方案，并及时调整策略。这样的报告还能够帮助企业建立有效的风险管理和内控体系，为战略决策提供有力的支持。

在信息化和数字化的时代背景下，管理会计报告的重要性不断凸显。通过科学高效的管理会计体系和内部管理报告，企业能够更好地实现战略目标，提高经营绩效，有效应对市场竞争和变化。因此，企业应该重视管理会计的应用，关注内部管理报告的质量和有效性，以期实现企业的长期可持续发展。

管理会计作为企业管理的重要组成部分，需要进行 PDCA 闭环管理，包括事前、事中和事后三个阶段。在这三个阶段中，管理会计报告发挥的作用不同。

在战略规则与决策支持阶段，管理会计报告为企业的战略目标制定和实施提供支持。通过解释过去的经营结果，管理会计报告可以帮助管理者了解过去的经验教训和趋势，并基于这些信息进行未来的战略决策。管理会计报告提供的数据和分析可以帮助管理者确定战略目标，规划资源分配，并为未来的经营决策提供依据。

在运营过程中的管控阶段，管理会计报告起到了监控和控制的作用。企业的经营活动需要投入资源，为了确保资源的投入产出效率，管理者需要深入了解经营状况。管理会计报告提供了关键的经营数据和指标，帮助管理者了解企业的运营情况，发现问题和偏离，及时采取措施进行调整和管控。只有抓住了运营的过程，企业才能实现战略目标。

在运营结果的业绩评价阶段，管理会计报告为企业的业绩评价提供依据。为了确保战略目标的正常实施，企业需要对部门和员工进行评估。管理会计报告为评估部门和员工的工作绩效提供了数据和指标。及时的业绩评价可以调动管理者和员工的工作积极性，激励他们为实现战略目标做出更多努力。

综上所述，管理会计报告在企业管理的 PDCA 闭环中扮演着重要的角色。通过服务战略决策、运营管控和业绩评价，管理会计报告帮助企业实现战略目标，提高经营绩效，促进企业的可持续发展。企业应重视管理会计报告的编制和应用，确保其质量和有效性，以支持企业的决策和管理活动。

# 二、如何通过财务共享优化会计报告

## 1. 模式构建

财务共享模式是现代企业管理会计建设的基础，通过实现企业信息的高度共享和整合，实现了对数据资源的整合、挖掘和转换，为各级管理者的分析和决策提供了更可靠的依据。其中，一个统一的数据中心的建立可以有效打通业务与财务之间的壁垒，解决企业内部的信息孤岛问题，并将不同部门的信息整合起来，让管理者能够获得及时、准确、真实、可靠、全面的数据，为决策分析提供高质量的基础数据。

财务共享模式的建立为管理会计报告的生成优化提供了平台。在财务共享模式中，形成了一个财务数据平台，考虑了不同的数据口径和力度，为未来管理会计报告的生成提供了重要基础。这种共享模式不仅满足了当前财务数据的共享和整合需求，还考虑到了未来信息化扩展的需求。通过财务共享模式，企业可以在数据处理和分析过程中更好地统一标准，减少数据不一致性和误差，提高管理会计报告的准确性和可靠性。

财务共享模式的应用是管理会计报告生成优化的关键。通过财务共享模式，企业可以实现对大量的财务数据的整合和挖掘，将数据从不同的来源集合到一个统一的数据中心。这样的模式可以优化管理会计报告的生成过程，提高报告的效率和质量。同时，财务共享模式还可以充分利用现代信息技术，将数据处理自动化和智能化，为管理会计报告的生成提供更强大的支持。

在实际应用中，企业需要结合自身的特点和需求，合理选择和建立适合的财务共享模式。同时，企业还需要进行信息化建设和技术支持，确保财务共享模式的顺利实施和运行。通过有效的财务共享模式，企业可以更好地实现管理会计报告的生成优化，为管理者的决策提供更准确、全面和有力的支持。

## 2. 智能技术应用

智能化技术的成熟不仅影响着企业的财务共享服务中心，也推动了企业对运营本质的重新思考和转型。近年来，随着 RPA（机器人流程自动化）、大数据、区块链等智能技术的成熟，企业在财务共享服务中心方面进行了升级和优化，以回归以交易管理为核心的运营本质。

智能化技术的应用给企业财务共享服务中心带来了巨大的变革。通过智能化技术，企业可以在财务共享服务中心实现流程和内容的优化，实现自动化和高效化。例如，利用 RPA 技术可以自动化处理重复性的、规则性的财务操作，提高处理效率。而大数据和区块链技术则为企业提供了更可靠、安全和透明的财务数据和交易记录。通过这些智能技术的应用，企业可以更加高效地进行财务共享服务，实现运营流程的优化和提升。

在这一背景下，管理会计作为企业财务共享服务中心的重要环节，也需要与智能化技术相结合，实现科学优化。管理会计在企业中发挥着重要作用，具有有效性、预测性和决策性的功能。然而，传统的管理会计报告在时效性和准确性方面存在一定的挑战。因此，引入智能化技术来科学优化管理会计报告是当务之急。

智能化技术的应用可以改变管理会计报告的生成和分析方式。例如，利用大数据技术，企业可以快速获取和整合大量的数据资源，将数据处理自动化和智能化，提高报告生成的效率。同时，区块链技术的应用也可以确保报告的准确性和可靠性，提供可追溯和不可篡改的财务数据。

在智能化技术的支持下，企业可以实现管理会计报告的实时性、精确性和全面性。通过智能化的数据分析和预测模型，企业可以更好地把握业务动态，进行更准确的决策和规划。同时，智能化技术的应用也可以提供更智能的报告和分析工具，帮助管理者更好地理解财务数据并做出相应决策。

具体来说，智能技术在企业管理会计报告生成的过程中主要会涉及到数据源、数据储存、数据处理、数据挖掘等方面，下面一一进行说明：

（1）数据源

数据源是企业管理会计报告生成与优化的基础，它提供了最原始的数据信息，主要包括企业自身的财务系统数据、财务共享服务平台的数据、互联网信息以及其他数据信息。

（2）数据储存

数据储存为企业管理会计报告生成的实时性提供了可行性。数据仓库实时提取来自数据源的数据，并进行实时更新，保障了管理会计报告生成数据的时效性。

（3）数据处理

数据处理是根据企业管理会计报告需求进行操作的。首先根据不同层次的管理会计报告需求，如战略层、经营层或业务层，提取数据仓库中相应的数据。然后进行预处理，包括缺失值处理、属性编码、数据标准化、正则化、特征选取等操作。数据处理主要包括结构化数据处理，如直接从管理会计报表中提取的数据；半结构化数据处理，如从数据库中提取的文本、图形或图表数据；以及非结构化数据处理，指的是不规则或不完整的数据信息，如邮件信息、聊天记录或网上调查结果。在处理过程中，要保证数据的相关性、全面性和一致性，以便更好地整合数据。

（4）数据挖掘

数据挖掘是企业管理会计报告智能化的关键。通过运用数据挖掘算法，将海量数据转换成管理会计报告中的有效信息，这是优化管理会计报告生成的关键步骤。常用的数据挖掘方法包括回归分析、聚类、关联规则、特征分析、变化和偏差分析、Web 页挖掘等。

# 三、共享模式与会计报告优化

## 1. 报告内容优化

（1）信息准确性

管理会计报告的生成离不开信息的收集和整合，以及对数据的分析和处理。

尽管许多企业已经实施了财务核算和合并财务报表系统，但在管理会计报告的生成过程中，大部分仍然需要人工操作。财务共享服务中心负责管理会计报表的填报，但其他相关事务，包括最终财务报告的生成，仍由各分公司的财务部门处理。这使得管理会计报告的编制工作量大，人工参与的环节多，加上财务共享服务中心只能共享数据，其他诸如数据稽核和分析等环节仍然需要人工处理，很可能导致报告内容的缺失、数据误差和信息判断的错误。此外，由于人为干预的环节较多，存在着财务人员或利益相关者为了掩盖或粉饰某些客观事实而编制虚假的报告信息的风险。这可能会导致企业领导层做出错误的财务决策，给企业带来难以估量的经济损失。

解决这些问题，需要将数据源和数据处理环节进行改进和优化。首先，可以引入自动化的数据收集和整合技术，减少人工干预，提高数据的准确性和完整性。其次，可以考虑使用先进的数据挖掘技术，通过分析海量数据，提取有效信息，为管理会计报告的编制提供更准确、全面的依据。此外，还可以建立严格的数据稽核机制，确保报告数据的可靠性和一致性，减少错误的风险。同时，为了防止虚假报告的编制，需要建立健全的内部控制体系，加强对财务人员和利益相关者的监督和审计，提高报告的可信度和可靠性。此外，应该加强对报告编制过程的监控和审查，确保报告的透明度和真实性，以便领导层能够做出准确的财务决策。

（2）内容系统性

企业管理会计报告的缺乏统一规范导致各分公司和项目部之间呈现百花齐放的情况，每个单位根据自身情况进行一些专项分析，但缺乏一个完整的、分层级的管理会计报告体系，导致报告内容的系统性不足。解决这一问题，可以基于智能财务共享模式和商业智能技术构建一个完善的管理会计报告体系。

从实现企业实际战略目标的角度来看，应该将各级管理人员的管理结构、数据依据、发展阶段和信息需求结合起来。这意味着在构建管理会计报告体系时要考虑基层、中层和高层的管理需求，使得报告内容更加全面、准确地反映不同层级的管理情况。通过建立一个统一的数据中心，各分公司和项目部可以将财务数据上传至该中心，从而实现数据的一致性和及时性。同时，可以运用商业智能技术对这些数据进行分析和挖掘，提取有用的信息，为报告的编制提供更全面、准确的基础。

在构建管理会计报告体系时，应该注重报告内容的系统性和层次性。基于分层级的管理需求，可以设计基层报告、中层报告和高层报告，每个层级的报告内容都要紧密对接上一级或下一级报告内容，形成一个有机的整体。这样既保证了各级管理人员可以得到所需的信息支持，又能够实现整体管理的一致性和协调性。

根据管理会计报告使用者的层级，可以将报告分为战略层、经营层和业务层这三个层级，每个层级的报告都有不同的内容和重点。

战略层管理会计报告主要面向公司的股东大会、董事会和监事会等治理机构，由企业的经营层进行编制。战略层管理会计报告通常包含常规和非常规两种类型。报告内容应该简洁明了，易于理解，具体包括原因、结果和预测建议等。这些报告的目的是提供战略层管理人员决策所需的信息，帮助他们制定公司的长期发展战略和目标。

经营层管理会计报告主要回顾上一阶段决策的实施情况，评价当前经营目标的实施情况，并分析当前经营绩效的差异及其原因。此外，报告还需要关注经营的内外部环境、主要风险，并研究下一阶段的预测目标和管理措施。经营层管理会计报告的内容应该包括全面的预算管理报告、投融资分析报告、项目可行性报告、成本分析报告、盈利能力分析报告、资金管理报告等。这些报告的目的是提供经营层管理人员在日常运营中所需的信息，帮助他们确定经营策略和优化经营过程。

业务层管理会计报告需要提供关于企业生产经营各个方面的最原始、详细的信息。业务层管理会计报告不仅为上层管理人员提供数据和信息，也为成本和效益的管理提供支持。业务层管理会计报告的内容包括采购业务报告、生产业务报告、销售业务报告和人力资源报告等。这些报告的目的是提供业务层管理人员在具体业务运作中所需的信息，帮助他们优化业务流程和提高业务绩效。

### 2. 生成流程优化

会计信息在企业决策中的价值体现在它能够通过合理的方法和专业的语言准确地反映企业的经营现状和财务状况，从而为信息使用者提供对决策有用的信息。在提供会计信息时，信息质量是至关重要的，它主要表现为以下几个方面：可靠性、相关性、可理解性、可比性、实质重于形式、重要性、谨慎性和及时性。

（1）可靠性

可靠性是指会计信息应当是真实、完整和准确的。信息使用者需要能够依靠会计信息做出正确的决策，因此，会计记录和报告的准确性非常重要。这需要会计人员遵循适当的会计准则和规范，确保数据的真实性和准确性。

（2）相关性

会计信息的相关性是指它能够与信息使用者的决策需求直接相关。会计信息应当能够提供对决策有用的数据和分析，帮助信息使用者理解企业的经营状况和财务状况，从而做出更加明智的决策。

（3）可理解性

会计信息的可理解性是指它应当以简明扼要的方式呈现，使信息使用者能够快速理解和应用。会计信息应当用通俗易懂的语言，避免使用过于专业化的术语，以确保信息使用者能够正确理解信息的含义和影响。

（4）可比较性

会计信息的可比性是指不同时间点和不同企业之间的会计信息应当具备可比较性。这需要会计人员采用一致的会计政策和方法，确保财务信息在不同时期和不同企业之间的可比性，从而方便信息使用者进行横向和纵向的比较分析。

会计信息的质量与会计信息的成本密切相关。企业需要建立高效的会计信息管理系统，将重要的层级信息纳入会计报告的管理工作中，并将关键的、紧急的信息以正确的方式传达到相应的层级和部门。同时，企业还应构建高效的信息传输系统，优化数据交换平台，加强跨部门信息的整合和共享，减少信息冗余，提高信息的准确性和传输的效率。

例如，共享模式可以将不同部门、不同岗位之间的数据进行共享，减少数据传递的时间和成本。在会计报告生成过程中，可以将相关的数据（如财务数据、采购数据、销售数据等）共享给会计部门，避免了数据的重复输入和整理，提高了报告生成的效率。

共享模式还可以通过引入自动化流程来优化会计报告生成。例如，可以建立一个自动化的数据接口，将各个系统的数据直接导入会计软件中，减少了数据的手工录入，提高了数据的准确性和及时性。同时，可以利用自动化工具对数据进行汇总、归类和分析，快速生成会计报告。

　　此外，共享模式还可以实现多用户协同工作，不同的岗位和部门可以同时参与到会计报告的生成中，各自负责其相关的数据和环节。利用共享模式，可以实现数据的实时共享和协同编辑，减少了沟通的时间和错误的发生，提高了报告的准确性和完整性。

# 参考文献

[1] 刘广贵. 智能财务背景下企业财务风险分析及管控策略 [J]. 财会学习, 2023, (28): 37-39.

[2] 卢阳. 人工智能在企业财务管理中的应用 [J]. 天津经济, 2023, (09): 36-38.

[3] 龙翠平. 试析智能财务对企业数字化转型作用 [J]. 商讯, 2023, (10): 36-39.

[4] 王建强. 基于区块链技术的企业智能财务系统构建分析 [J]. 冶金管理, 2023, (09): 107-109.

[5] 杨俊玲. 人工智能背景下企业智慧财务管理体系构建思考 [J]. 金融客, 2023, (05): 72-74.

[6] 蒋晓燕. 数字经济时代企业智能财务管理生态系统的构建 [J]. 现代企业文化, 2023, (14): 17-20.

[7] 杨巧. 数字化经济背景下企业财务智能化转型研究 [J]. 财经界, 2023, (14): 120-122.

[8] 靳霞. 企业智能财务转型的方向与路径 [J]. 财务与会计, 2023, (09): 64-65.

[9] 吴凤菊, 陶思奇. "大智移云" 背景下高校智能财务人才培养模式研究 [J]. 会计师, 2023, (07): 134-136.

[10] 刘永涛, 夏菀, 曹菲等. 浅析 AI 背景下智能财务共享的融合与发展 [J]. 商展经济, 2022, (23): 137-139.

[11] 王晓宇. 依托 ERP 系统提升企业财务管理智慧化水平的方案研究 [J]. 质量与市场, 2022, (23): 7-9.

[12] 温丽萍. 浅析财务转型与智能财务共享在企业管理中的应用 [J]. 中国总会计师, 2022, (11): 125-127.

[13] 田高良，张晓涛．数字经济时代智能财务基本框架与发展模式研究 [J]. 财会月刊，2022, (20): 18-23.

[14] 刘光强，卫静静，祁邈．基于"区块链+"数字技能的智能管理会计研究 [J]. 商业会计，2022, (16): 36-46.

[15] 李淼．数字经济下智能财务体系构建分析 [J]. 中国集体经济，2022, (23): 136-138.

[16] 田高良，张晓涛．论数字经济时代智能财务赋能价值创造 [J]. 财会月刊，2022, (18): 18-24.

[17] 刘荣全．试析智能化信息技术对企业财务管理的影响 [J]. 中国管理信息化，2022, 25 (10): 65-67.

[18] 刘莉．智能财务与会计职能转变 [J]. 新会计，2022, (05): 23-26.

[19] 杨东．智能财务的顶层设计与技术方法应用——以 G 公司为例 [J]. 现代商业，2022, (13): 187-189.

[20] 那晓红．基于数据挖掘的智慧财务决策支持方法设计及应用 [J]. 中国总会计师，2022, (04): 36-40.

[21] 刘彦．人工智能背景下财务管理向管理会计转型面临的挑战和对策探析 [J]. 质量与市场，2022, (08): 34-36.

[22] 陶晶．基于 KANO 模型的智能记账机器人产品设计研究 [J]. 设计，2022, 35 (01): 113-115.

[23] 郝海霞．RPA 财务机器人在企业财务智能化转型中的应用 [J]. 南方农机，2021, 52 (24): 163-165.

[24] 周珊．业财融合下智能财务管理探讨 [J]. 办公室业务，2021, (24): 67-68.